Andrea-Anna Cavelius
Dipl.-Psych. Walter Pollak

Das braucht mein Kind, um glücklich zu sein

Liebe und Vertrauen als Grundlagen der Erziehung

Unter Mitarbeit von
Sabine Kautt-Ostarhild

SÜDWEST

Inhalt

Der größte Wunsch aller Eltern: Unser Kind soll glücklich werden!

Vorwort 4

Wie Selbstbewusstsein entsteht 6

Kindheit: kurz aber nachhaltig 6

Wer bin ich? Wohin gehöre ich? 8

Jedes Kind ist anders 12

Die positive Kraft der Familie 16

Familie als Abbild der Welt 16

Erziehung – Spiegel der Gesellschaft 19

Welche Erziehungsstile es gibt 20

Der beste Erziehungswegweiser: unser Instinkt 22

Beobachtungen beim Wachsen und Werden 24

Eine glückliche Kindheit von klein auf 24

Das erste Lebensjahr 26

Von den ersten Schritten bis zum Kindergarten 30

Hänschen klein, ging allein … 36

Der Weg hinaus: Schule, Freunde und Freiheit 42

Wachsende Leistungsansprüche 42

Glück ist auch, unbeschwerte Ze[iten] mit sein[en] Freunden zu verleben.

Liebevolle Elternschaft ist angeboren: Vertrauen Sie auf Ihren Instinkt!

Der beste Freund, die beste Freundin 44

Pubertät – wenn Eltern lästig werden 46

Loslassen und Halt geben 48

Glückliche Kinder – was sie wirklich brauchen 50

Beobachten Sie sich und Ihr Kind 50

Aufmerksamkeit und Geborgenheit 52

Väterliche Fürsorge 53

Zuhören und miteinander sprechen 57

Liebe füreinander kann man ausdrücken 61

Zeit zum Träumen – Zeit zum Spielen 63

Langeweile macht unglücklich 67

Strukturen und Grenzen 70

Mitarbeiten gehört zum Familienalltag 74

Zufriedene Eltern 78

Was man braucht, um glücklich zu sein 82

Von wütenden und traurigen Kindern 86

Wichtig: Gefühle zulassen 86

Was Sie für Ihr Kind tun können 92

Adressen und Literatur 94

Bildnachweis/Impressum 95

Register 96

Kinderfreundschaften halten oft ein Leben lang.

Im Hier und Jetzt zu leben und ganz im Moment aufgehen zu können, ist ein großes Privileg der Kinder; es schützt sie und macht sie glücklich.

Vorwort

Was macht Eltern glücklicher, als zu sehen, wie ihre Kinder zu gesunden und stabilen kleinen Persönlichkeiten heranwachsen. Und was ist zufriedenstellender als die Gewissheit, seinen Sprösslingen den Boden bereitet zu haben, damit sie selbstbewusst ihren Weg im Leben finden und beschreiten können.
Was können wir dazu tun, dass unsere Kinder später auf ihre Kindheit als auf eine glücklich erlebte Zeit zurückblicken können?

Wann ist ein Mensch glücklich?

Es gibt keinen besseren Start ins Leben als eine glückliche Kinderzeit.

Diese Frage ist gar nicht so leicht zu beantworten. Denn was bedeutet Glück denn eigentlich? Glück hat etwas mit Unbeschwertheit und Leichtigkeit zu tun. Gleichzeitig steckt darin eine Kraft, eine unsichtbare Energie, von der wir angetrieben werden und die unsere Art zu leben bestimmt. Glück bedeutet für den Moment zu leben, sich mit Hingabe für etwas zu begeistern, und Glück ist etwas, vom dem sich andere anstecken lassen können. Was heißt das für uns? Oder: Wer von uns lebt wirklich selbstbestimmt und selbstbewusst? Von wem können wir sagen, dass er oder sie in sich ruht und eine glückliche Persönlichkeit darstellt?
Philosophen und Psychologen wissen, dass ein glückliches Leben auf der Befriedigung von Grundbedürfnissen und der Fähigkeit zur Selbstverwirklichung begründet ist. Der amerikanische Psychologe Abraham H.M. Maslow stellt in seinem Buch »Toward a Psychology of Being« hierzu eine Art Bedürfnishierarchie auf. Dabei stehen an oberster Stelle die Selbstverwirklichung und so genannte »peak experiences«, also besonders intensive Erlebnisse in der Kindheit eines Menschen. Tatsächlich haben zufriedene und positiv eingestellte Erwachsene meist eine Gemeinsamkeit: Sie blicken auf eine erfüllte, glückliche Kindheit zurück.

Die »besten Eltern der Welt«

Dieser Ratgeber kann kein Patentrezept und keine Garantie für eine glückliche Kindheit bieten, doch kann er sicher dabei helfen, unsere Kinder besser »lesen« und verstehen zu lernen, um auf ihre Grundbedürfnisse angemessen eingehen zu können. Dazu gehören Geborgenheit, Zeit zum Spielen und Schmusestunden ebenso wie das Setzen von Grenzen. Auch die Bereitschaft, entwicklungsbedingte Krisen gemeinsam und konstruktiv zu meistern, gehört dazu. Eine Kindheit kann glücklich und sicher verlaufen, wenn wir uns dies wünschen. Dabei müssen wir uns nicht verkrampft bemühen, die besten Eltern der Welt zu sein, sondern sollten einfach versuchen, unsere Aufgabe so gut wie möglich zu erfüllen. Das Beste für unsere Kinder ist, wenn wir sie so annehmen können, wie sie sind, und sie die Freiheit haben, den Lebensweg einzuschlagen, der auch voll und ganz der ihre ist.

In diesem Buch geht es um nichts weniger als die Frage, wie man Kinder zu glücklichen Menschen macht. Und natürlich fängt das Ganze mit uns, den Eltern, an.

Glückliche Kinder, glückliche Erwachsene

Um unseren Sprösslingen eine glückliche Kindheit und uns ein erfülltes Elternsein zu ermöglichen, sollten wir zwei Dinge im Hinterkopf behalten: Wir möchten den Menschen, die uns am wichtigsten sind, zur Entwicklung einer selbstständigen, mitfühlenden Persönlichkeit verhelfen. Und wir sind als Vorbilder die wichtigsten Menschen für sie, die ihnen vorleben, wie sie sich in der Welt zu verhalten haben. Unser Selbstbewusstsein, unsere Intuition, unser guter Wille, unsere positive Lebenseinstellung und unsere Liebe sind das beste Handwerkszeug für eine glückhafte Erziehung.

Das autoritative Erziehungsprinzip, eine Mischung aus ordnenden Elementen und Geborgenheit, bildet den Rahmen für unsere Aufgabe. So kann es gelingen, das Glück einer Kindheit nicht nur auf Momentaufnahmen zu reduzieren, sondern zu einem umfassenden, facettenreichen Bild einer als sicher und vertrauensvoll erlebten Zeit werden zu lassen.

Wie Selbstbewusstsein entsteht

Kinder sind grundsätzlich allem Lebendigen zugewandt: in der Begegnung mit der Natur erfahren sie sich selbst auf wunderbare Weise.

Kindsein, das bedeutet Aktivität pur. Daher gehört das Märchen vom hilflosen, schwachen kleinen Wesen aus psychologischer Sicht längst der Vergangenheit an. Wenn Kinder beobachten, nachahmen, eigene Schlüsse ziehen lernen – geschieht das alles mit dem Ziel, zu einer Persönlichkeit mit einer eigenen Identität heranzureifen. Möglichst alleine will er alles schaffen, mutet schon der selbstbewusste Zweijährige der sorgenvollen Mutter zu, wenn er das gefüllte Apfelsaftglas schwankend aus der Küche auf den Esstisch trägt.

Jenes Selbst-bewusst-Sein, also das Bewusstsein, dass man selbst als unabhängiges Wesen existiert, einen eigenen Willen und Bedürfnisse hat, entsteht entwicklungspsychologisch gesehen im Laufe der ersten drei Lebensjahre eines Kindes. Im Vergleich zu ihrer Tragweite für das ganze weitere Leben bis ins Erwachsensein nimmt sich diese Phase äußerst kurz aus.

Wir sollten uns einmal ganz bewusst machen, dass die ersten drei Lebensjahre eines Menschen seine ihn prägenden und somit auch seine wichtigsten sind.

Kindheit: kurz, aber nachhaltig

Selbstbewusstsein gilt als der wichtigste Baustein für unsere seelische Gesundheit. Es lässt uns fühlen und erkennen, was wir wert sind. Je deutlicher ausgeprägt es ist, als desto liebenswerter empfinden wir uns, und umso eher sind wir auch in der Lage, andere zu lieben. Unsere ganze Lebenseinstellung, ob optimistisch oder pessimistisch, entscheidungsfroh oder zögerlich, sicher oder unsicher im Umgang mit Belastungen, hängt mit unserem Selbstwertgefühl zusammen.

Führen wir uns das noch einmal vor Augen, so ist es leicht verständlich, warum die Bedürfnisse eines Kindes gerade in seinen ersten

Liebevoll gestillt zu werden ist eine wichtige Erfahrung für die Bildung von Urvertrauen; aber auch wenn das nicht möglich ist, können Sie Ihrem Kind ausreichend Liebe und Nähe vermitteln.

Lebensjahren unserer besonderen Aufmerksamkeit und Sorgfalt bedürfen. Wenn wir sie ernstnehmen, so sind wir in der Lage, ein Netz zu spannen, um unseren Kindern den »Drahtseilakt des Lebens« nicht zur Lebensgefahr werden zu lassen, sondern ihnen auch die Freiräume gewähren zu können, auf dem Seil zu spazieren und ihre eigenen Erfahrungen zu machen.

Wer in der frühen Kindheit Sicherheit und Zuverlässigkeit erfährt, entwickelt ein gesundes Vertrauen in sich selbst und seine Umwelt.

Der Ursprung des Selbstvertrauens: Urvertrauen

Betrachten wir das Ganze einmal von der tiefenpsychologischen Seite: Wenn ein Zwei- bis Dreijähriger das erste Mal das Wort »Ich« ausspricht, hat er bereits einen Begriff von der eigenen Identität, von dem eigenen Wesen gewonnen. Bis zu diesem Zeitpunkt wird er auch schon einiges gelernt haben, was die Qualität des eigenen Ichs betrifft, ob er beispielsweise ein liebenswertes oder weniger liebenswertes Ich ist und was er schon alleine kann bzw. was seine Mama oder sein Papa ihm abnehmen für ihn erledigen. Schließlich entstehen die wichtigsten Grundlagen für die seelische Entwicklung – ganz im Gegensatz zur geistigen und körperlichen – bereits weitgehend im ersten Lebensjahr.

Die kindlichen Grundbedürfnisse respektieren

Schon während dieses ersten Jahres und der davor liegenden neun Monate im Bauch seiner Mutter entwickelt ein Baby das so genannte Urvertrauen. Dieses begleitet es auf dem Weg zu einer eigenen Identität und ermöglicht dem Säugling in den ersten Monaten, in denen er körperlich noch völlig abhängig von der Mutter ist, sogar sein Überleben. In dem gesunden Urvertrauen eines kleinen Menschen ist seine Fähigkeit begründet, Bindungen zu anderen zu entwickeln und sich selbst anzunehmen. Anders ausgedrückt kann man auch sagen, ein Baby, das bedingungslos geliebt wird, ist später auch in der Lage, wieder zu lieben. Die Psychoanalyse, die den Weg eines Erwachsenen weit zurück in seine Kindheit verfolgt, hat dies deutlich bewiesen: Wird ein Kind nicht grundlegend und von Anfang an von seinen Eltern angenommen, so ist es später nicht in der Lage, ein gesundes Selbstvertrauen zu entwickeln und kann Belastungen, Krisen und Bedrohungen von außen nur wenig Widerstand entgegensetzen.

Geben Sie Ihrem Kind von Anfang an das Gefühl, bedingungslos geliebt und angenommen zu werden. Das ist das Wichtigste, das Sie ihm für sein Leben schenken können.

Jedes Kind hat ein Bedürfnis nach Bindung, Vertrauen und Sicherheit. Man spricht hier auch von Grundsicherung, also der Gewissheit, beschützt und in Sicherheit zu sein. Wird dieses Bedürfnis von uns Eltern besonders während seiner ersten Lebensmonate erfüllt, kann ein Kind Selbstvertrauen und auch den Willen zur Unabhängigkeit entwickeln. Schließlich muss es in der Lage sein, sich zu einem späteren Zeitpunkt von der Mutter abzulösen, um sich auf eigene Wege zu begeben und die Welt zu erforschen.

Wer bin ich? Wohin gehöre ich?

Wie unser Ich, unsere eigene Identität beschaffen ist, wer wir sind und wohin wir gehören, diese Fragen können uns bis weit ins Erwachsenenalter hinein beschäftigen. Sofern wir diese grundlegenden Fragen nicht schon teilweise in unserer Kindheit positiv beantworten konnten.

Ein Kind, das von seinen Eltern, wie es in der Sprache der Psychologie heißt, positiv programmiert ist, weiß, dass seine Gefühle und Bedürfnisse in der Regel verstanden und angemessen befriedigt werden. Stellen Sie sich dazu folgende Situation vor: Ein Baby erwacht nachts und weint. Die Mutter steht rasch auf, nimmt das Kleine in die Arme oder zu sich ins Bett, um dort mit ihm zu kuscheln. Das Baby wird sich beruhigen und wieder einschlafen. In seinem Unbewussten macht sich die Gewissheit breit, dass es bei seiner Mutter immer sicher ist, dass es wichtig ist und zu ihr gehört. Es erfährt Liebe, Wärme und Geborgenheit in ihrer bestmöglichen Umsetzung – die Grundlage für die weitere Ausbildung seines Urvertrauens ist geschaffen.

Babyschreien ist ein ernst zu nehmender Hilferuf. Dass Babys in den ersten Lebensmonaten verwöhnt werden können, ist ein fragwürdiger Mythos.

Fünf Grundwerte für eine glückliche Kindheit

Der Münchener Psychologe Siegfried Brockert betont die Wichtigkeit von »fünf Tugenden«, die einem Kind zu Erfolg und Glück im Leben verhelfen:

- Selbstbewusstsein in dem Sinne, dass das Kind sich und seine Gefühle wahrnehmen, zeigen und ausdrücken kann sowie seine Stärken und Schwächen kennt.
- Selbstkontrolle in dem Sinne, dass es sich auch in Situationen von Stress oder Angst ausdrücken und mit diesen Gefühlen umgehen kann. Auch sollte es sich von negativen Gefühlen gut erholen können, ohne durch sie an Selbstvertrauen zu verlieren.
- Selbstmotivation, die aus Selbstbewusstsein und Selbstkontrolle heraus erwächst. Es kann Ziele verfolgen, mit Fleiß und Ausdauer dabeibleiben, auch wenn etwas nicht auf Anhieb klappt. Das Grundgefühl lautet: »Ich werde es schon schaffen.«
- Einfühlungsvermögen für die Gefühle und Bedürfnisse anderer Menschen sowie die Fähigkeit der Sympathie.
- Soziales Engagement, in dem das Kind sein Zugehörigkeitsgefühl (siehe auch Seite 10/11) ausleben kann, mit Freude und Interesse an anderen Kindern und Erwachsenen. Dies stellt die wichtigste Grundlage für ein Leben in einer Gruppe dar.

Die rätselhafte Sprache der Gefühle

Obwohl die vielen Gefühle in einer Familie manchmal sehr anstrengend sein können, sind sie in ihrer Aufrichtigkeit ein wesentlicher Bestandteil unseres Glücks.

Untersuchungen haben gezeigt, dass ein Baby bereits mit etwa 15 Monaten mit allen wesentlichen Gefühlsregungen vertraut ist: Angst, Wut, Traurigkeit und Freude. Aber auch die Fähigkeit, sich selbst zu beruhigen und mit Belastungen umzugehen, entsteht bereits jetzt. Mit Hilfe all dieser Gefühle stellt das Kind seine Befindlichkeit in dieser Welt dar und drückt seine Bedürfnisse nach Schutz, Grenzen, Freiheit oder Zuwendung aus.

Eltern tun sich nicht immer leicht, die Ursachen für das Verhalten ihres Babys oder Kindes zu entschlüsseln, und sind nicht selten überfordert von der Gefühlsflut, die ihnen entgegenschlägt. Ernst wird es jedoch, wenn wir Erwachsene als einzige Reaktion unseren Gefühlen freien Lauf lassen, brüllen, vielleicht auch schlagen. Bevor eine Situation entgleist, weil wir uns von den Gefühlen unseres Kindes überfahren fühlen, sollten wir versuchen, möglichst kühlen Kopf zu bewahren. Gehen Sie raus, um kurz Luft zu holen oder auszustoßen, nehmen Sie eine kalte Dusche oder hauen Sie auf einen Punching-Ball – aber bleiben Sie im Gespräch mit Ihrem Kind!

Bleiben Sie ruhig und fest. Ihr Kind nimmt alles, was Sie tun, sehr ernst. Schließlich gehören Sie zu den wichtigsten, bewundernswertesten und geliebtesten Menschen in seinem Leben. Selbst eine rebellierende Vierzehnjährige, die scheinbar alles daran setzt, Sie zum endgültigen Hinausschmiss zu veranlassen, möchte zu Ihnen zurückkehren, wenn sie die Loslösung von Ihnen geschafft hat. Diese Liebe dürfen Eltern nicht verspielen.

Das Grundbedürfnis Zugehörigkeit

Jedes Kind sucht die Aufmerksamkeit und das Gespräch mit uns Eltern, vielleicht den Großeltern, den Erziehern, später auch Gleichaltrigen. Der Antrieb dazu ist in jedem Menschen von klein auf festgelegt, denn ein Kind ist nicht nur ein sehr gefühlsbetontes,

sondern auch ein soziales Wesen, das sich nach Zugehörigkeit sehnt. Sein ganzes Verhalten – und sei es auch noch so schwierig zu deuten – ist darauf ausgerichtet, zu seiner Gruppe, seiner Familie zu gehören.
Um dieses Ziel zu erreichen, beobachtet unser Kind uns genau. Es probiert aber auch Verhaltensweisen aus, die es dorthin bringen, und merkt sich seine Erfahrungen. Diese verankern sich in seinem Unbewussten, weshalb es sich in vergleichbaren Situationen immer wieder auf dieselbe Weise verhalten wird.
Dass diese Lernerfahrungen oft mit Irrtümern behaftet sind und das Kind keineswegs an das Ziel bringen, wo es eigentlich hinmöchte, zeigt das folgende Beispiel.

Was will mein Kind von mir?« Wenn ein Kind sich »daneben« benimmt, ist es nicht immer einfach, die wahren Hintergründe für sein Verhalten herauszufinden.

Aufmerksamkeit um jeden Preis

Der zweijährige Sven spielt im Sandkasten, während seine Mutter dabei – sitzt und Zeitung liest. Eine andere Mutter mit Kleinkind kommt hinzu. Die Mutter legt die Zeitung beiseite und vertieft sich mit der anderen ins Gespräch. Sven beginnt das andere Kind, das neben ihm im Sandkasten sitzt, zu schubsen. »Lass das sein, Sven!«, sagt die Mutter, blickt ihn drohend an und unterhält sich weiter. Die Kinder spielen jedes für sich weiter. Plötzlich haut Sven dem anderen Kind eine Spielzeugharke ins Gesicht. Die Mutter springt auf, schüttelt Sven und schreit: »Ich habe dir schon tausendmal gesagt, dass du nicht schubsen sollst. Du sollst brav sein!«

Sven ist kein aggressives Kind. Er ist sich nicht bewusst, warum er das andere Kind schubst und dass er ihm dadurch etwas zuleide tut. Um sein Tun zu hinterfragen und Schuldgefühle zu entwickeln, ist er noch zu klein. Doch hat er etwas mit seinem Verhalten signalisiert. Das Schubsen hat einen Zweck: Sven möchte dazugehören, und zwar nicht zu dem anderen Kleinkind, das zu ihm in den Sandkasten gesetzt wurde, sondern zu seiner Mutter. Er möchte ihre Aufmerksamkeit und dass sie sich mit ihm beschäftigt. Wiederholt sich diese Situation, so lernt Sven, dass sich seine Mutter vor allem dann intensiv mit ihm beschäftigt, wenn er andere Kinder schubst – auch wenn ihre Reaktion immer wieder mit unangenehmen Folgen für ihn verbunden ist. Möglicherweise wäre die Situation nicht eskaliert, wenn die Mutter Sven schon während seines ruhigen Spiels beachtet oder bestätigt hätte. Auch die zwischenzeitliche Aufmerksamkeit der Mütter auf das gemeinsame Spiel der Kinder hätte Svens Unsicherheit vorgebeugt.

Erinnern Sie sich daran, was Sie bei der Geburt Ihres Kindes empfanden? Kinder zu bekommen und großzuziehen gehört zu den elementarsten Erfahrungen.

Jedes Kind ist anders

Kein Kind ist in seinem Wesen und seiner Entwicklung mit einem anderen vergleichbar. Jedes für sich ist genauso kostbar wie ein anderes, und jedes birgt neben seinen vielen Möglichkeiten für ein eigenes Leben auch eine große Chance für uns Eltern.

Jede überzeugte Mutter und jeder engagierte Vater, die schon ein Kind großgezogen haben, werden auf diese, bisweilen mühevolle und einen an die eigenen Grenzen bringende Zeit zurückblicken, sie jedoch nicht missen wollen.

Mit Sicherheit ist die Behauptung, dass ein Leben ohne Kinder leer, langweilig, ja sogar sinnlos ist, zu einseitig formuliert, denn es gibt genügend Beschäftigungen und lebenswerte Erfahrungen, die man ohne Kinder haben kann und die sogar mit Kindern manchmal gar nicht möglich wären. Doch ist ein Leben mit Kindern im besonderen Maße sinnstiftend und bedeutsam für die eigene Persönlichkeitsentwicklung. Schließlich kann eine Elternschaft auf natürliche Weise das eigene Persönlichkeitsbild abrunden und zur Reife gelangen lassen.

Was persönliche Reife bedeutet

Im biologischen wie im psychologischen Sinne bedeutet Reife volles Wachstum oder die Entwicklung eines Lebewesens, die zur Gänze abgeschlossen ist. Reife ist die restlose Verwirklichung der eigenen Möglichkeiten, die ein Mensch mit ins Leben bringt.

Was jedes Kind von sich aus mitbringt

Jedes Kind bringt seine ererbten Anlagen mit in die Welt. Sie haben einen bedeutenden Einfluss auf die Ausbildung seines Charakters, seiner Neigungen, seiner Art zu lernen, wie es sich an die Außenwelt anpasst, Entscheidungen trifft und mit seinen Stärken und Schwächen umzugehen weiß.
Nehmen wir einmal an, ein Kind kommt mit einer irreparablen körperlichen Behinderung auf die Welt, ist ansonsten aber gesund, begabt und kräftig. Es hat nun zwei Möglichkeiten, sein Leben zu gestalten: Entweder gleicht es diesen Fehler aus, indem es wach an seiner Umgebung teilhat und versucht, trotz seines Handicaps eigenständig zu werden, oder es gibt auf und resigniert. Egal, wie die Entscheidung ausfällt, sie ist maßgeblich für das weitere Leben und die Entwicklung des Kindes. Und sie weist darauf hin, wie es mit sich selbst fertig wird und sich in seine Außenwelt einbringen kann.

Kinder lernen alles, wenn wir sie nur lassen. Für sie ist es wichtig, die Umwelt spielend, fühlend, schauend und vor allem nach ihrer eigenen Systematik erobern zu können.

Aufmerksame Beobachter

Selbst wenn dieses Beispiel etwas einseitig anmutet, weil der Einfluss von Eltern und Erziehern hier völlig ausgeklammert ist, so zeigt es uns doch Folgendes: In seinen ersten Lebensjahren hat jedes Kind gelernt, wie es mit seinen inneren Anlagen und seinem äußeren Umfeld zurechtkommt bzw. wie es sich am besten an sie anpasst.
In den ersten zwölf Monaten etwa entwickelt ein Baby seine körperlichen Fähigkeiten. Es lernt, Hände, Arme und Beine koordiniert zu bewegen, um seine Umgebung erforschen zu können und selbstständig seinen Standort zu wechseln, indem es krabbelt oder rutscht. Und es nimmt höchst aufmerksam alles um sich herum auf. Es riecht, schmeckt, hört, fühlt, beobachtet und zieht aus seinen Beobachtungen bestimmte Schlüsse. Was es auf diesem Wege erfährt, setzt es in konkrete Verhaltensmuster um.

Wie schon kleine Kinder Entscheidungen treffen

Vom Greifen zum Be-Greifen. Ein Kind, das zum ersten Mal ohne Mamas Hilfe mit dem Löffel isst, macht die beglückende Erfahrung, selbst etwas geschafft und bewegt zu haben.

Gleichzeitig wachsen seine geistigen Fähigkeiten. Das Kleinkind lernt, selbstständig Aufgaben zu bewältigen, wie beispielsweise zu trinken oder einen Löffel beim Essen richtig zu handhaben. Und es lernt, sich selbst zu sehen mit seinen Stärken und Schwächen und Fähigkeiten zu entwickeln, mit Stress und Belastungen von außen umzugehen. Wie sich die Entwicklungsphasen des Kindes im Einzelnen gestalten und welche Besonderheiten sie in den verschiedenen Altersphasen bereithalten, werden wir später noch sehen (Seite 24ff.). Ganz gleich ob ein Kind eher versucht, bestimmte Schwachpunkte auszugleichen, ob es aufgibt und in die Rolle des Schwachen, Behüteten noch weiter hineinwächst oder überkompensiert, indem es auf einem bestimmten Gebiet besondere Fähigkeiten ausbildet, um eine Schwäche auszugleichen: Diese frühen selbst gefällten Entscheidungen prägen sein ganzes weiteres Leben.

Was an unseren Kindern so besonders ist

Wissenschaftliche Untersuchungen haben gezeigt, dass Kinder schon von klein auf ihre Entwicklung aktiv vorantreiben. So können sie auch manchen äußeren Widrigkeiten zum Trotz zu stabilen, selbstständigen Persönlichkeiten heranwachsen. Denn:

- Ein Kind ist stark: Kinder haben eine Phantasie, die einem Erwachsenen die Sprache verschlagen kann. Sie hilft ihnen dabei, die wichtigsten Regeln des Zusammenlebens zu erlernen: Rücksichtnahme, Verantwortung und Moral.
- Ein Kind staunt: Das Staunen über die wunderbaren Kleinigkeiten der Welt haben wir Eltern, die daran gewöhnt sind, in größeren Zusammenhängen zu denken, oft verlernt. Wir sollten die kindliche Neugier bewundern und den Willen der Kinder, alles, was wir Großen tun, nachzuahmen, stärken und sie darin unterstützen. Schließlich zeigen wir ihnen auf diese Weise, was sie von der Welt zu halten haben.

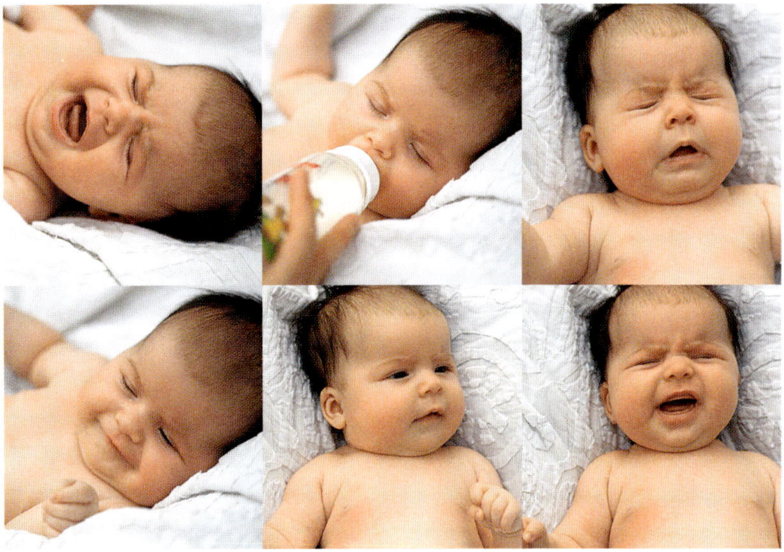

Ein kleiner Mensch mit großen Gefühlen. Auch wenn wir es nicht immer sofort verstehen: Unser Kind zeigt uns, wie es ihm geht und was es von uns braucht.

- Ein Kind ist verletzbar: Armut, Not und Hunger, Krieg und Vertreibung, Streit und Trennung sowie die emotionale Instabilität der Eltern sind körperlich und seelisch erlebte Katastrophen, denen Kinder schuldlos ausgesetzt sind. Jeden Tag sterben weltweit 35 000 Kinder einen Tod, der vermeidbar gewesen wäre.
- Ein Kind ist (über)reizbar: Die Neugier und die ständige Lernbereitschaft können für viele Kinder zum Fluch werden. Je flüchtiger und je öfter Reize von außen auf sie einströmen, die sie nicht verarbeiten können, desto leichter erleidet ihr Nervensystem und ihr inneres Gleichgewicht Schaden.
- Ein Kind ist glücklich: Ansteckend ist die Lebensfreude von Kindern, berührend ihre Hingabe an den Moment, beneidenswert ihre Spontaneität und Begeisterungsfähigkeit – ein Gewinn für jeden Erwachsenen, der sich davon mitreißen und inspirieren lässt.
- Ein Kind wird groß: So sicher, wie unsere Kinder mit uns zusammenwachsen, genauso sicher entwachsen sie uns vom Tag der Entbindung an. Der Prozess dauert allerdings seine Zeit und ist ein Hin und Her aus Loslösung und Wiederannäherung ans heimische Nest.

Der berühmte polnische Kinderarzt und Pädagoge Janusz Korczak (1878-1942) war ein bedeutender Vertreter des Gedankens, dass Kinder nicht erst zum »vollständigen« Menschen werden, sondern schon von Geburt an einer sind und eigene Rechte haben.

Momente des Glücks. Sie zeigen uns, dass wir auf dem richtigen Weg sind, und geben uns Kraft, an unsere Familie zu glauben.

Die positive Kraft der Familie

Jedes Kind ist ein soziales Wesen. Es will immer zu jemanden gehören, zu seiner Gruppe, seiner Familie. Das äußere Umfeld spielt also eine ähnlich gewichtige Rolle in der Persönlichkeitsentwicklung eines Kindes wie seine Anlagen. Im selben Maße, wie es lernt, seine angeborenen Möglichkeiten zu nutzen und bestimmte Verhaltensweisen zu erlernen, geht es mit den Einflüssen von außen flexibel und kreativ um.

Familie als Abbild der Welt

Seine Familie und seine erwachsenen Bezugspersonen erlebt das Kind in den ersten Jahren als Welt für sich mit allgemein gültigen Normen und Werten. So überträgt es auch später das, was es in seinem Elternhaus an Wertschätzungen, Atmosphäre oder dem Verhältnis von Vater und Mutter zueinander gelernt hat, auf die Welt im Ganzen. In jeder Hinsicht sind die Eltern die Vorbilder, die das Kind bedingungslos akzeptiert und nachahmt.

Eine Familie ist nicht selbstverständlich eine Idylle, sondern erfordert von allen Mitgliedern viel Disziplin, Aufmerksamkeit, Rücksichtnahme und Geduld.

Vater und Mutter vermitteln dem Kind z. B die typische Kultur ihrres Heimatlandes mit seinen Sitten und Gebräuchen, es erfährt über sie die Wichtigkeit materieller, geistiger, religiöser und sozialer Einflüsse der Gesellschaft, in der sie leben. Und es nimmt den Wertekanon seines Elternhauses an, gleich ob dieser von Überheblichkeit gegenüber anderen oder Toleranz, einer materialistischen Weltsicht oder der Pflege von sozialen Tugenden geprägt ist. Die Eltern prägen das Bild, das ein Kind sich von seiner Umwelt macht: Ob sie den Dingen des Lebens misstrauisch und negativ oder offen und optimistisch begegnen, beeinflusst die Lebenseinstellung ihres Kindes grundlegend.

Geborgenheit im Kreis der Familie: ein Mythos – und trotzdem einer der sehnlichsten Wünsche von uns allen.

Verhaltensmuster, die sich übertragen können

Ist der Ton im Elternhaus aggressiv und von Machtkämpfen durchdrungen oder gehen Vater und Mutter aufrichtig und liebevoll miteinander um? Haben die Eltern einen Freundeskreis, in dem ehrlich und offen miteinander gesprochen wird, in dem man sich gegenseitig unterstützt, wenn man Hilfe braucht, oder fühlen sie sich besser bzw. weniger wert als andere? Ein Kind wird sich dieses familiäre Selbstbild aneignen, es wird imitieren, wie Vater und Mutter mit anderen Menschen reden und umgehen. Das alles tut es, um als Mitglied der Familie betrachtet zu werden und dazuzugehören.

Jedes Kind ist anders. Trotzdem lassen sich bei Geschwisterkindern bei aller Verschiedenheit oft ähnliche Verhaltensmerkmale feststellen. Diese werden geprägt durch die familiäre Situation und die Atmosphäre, die Kinder in ihrer Familie erleben. Großen Einfluss auf ihre geistig-seelische Entwicklung haben daher auch die materiellen und ideellen Werte der Eltern. Sie werden voll und ganz übernommen, um oft erst später in der Pubertät in höchstem Maße angezweifelt und kritisch hinterfragt zu werden.

Viel stärker als alle Erklärungen und Erziehungsversuche wirkt das elterliche Vorbild. Wie Sie mit Ihrem/r Partner/in und mit anderen umgehen, prägt Ihr Kind entscheidend.

Wir können jederzeit umlernen!

Nicht jedes Vorbild ist perfekt, und allen Eltern unterlaufen Fehler, weniger schlimme, aber auch tragische, durch die Kinder verletzt werden. In solchen Fällen stellen Eltern, die »ausgerastet« sind, häufig fest, dass sie in einer familiären Krisensituation ähnlich wie ihre Mutter oder ihr Vater reagieren, auch wenn sie das überhaupt nicht wollen. So steckt in dem Satz, dass Kinder, die geschlagen wurden, auch selbst schlagen, viel traurige Wahrheit. Zum Trost sei gesagt, dass jeder, der guten Willens ist, derartige Muster zu durchbrechen, auch in der Lage dazu ist. Schließlich sind wir erwachsen, haben einen Verstand, können die eigene familiäre Lage überdenken und – jederzeit verbessern! Bevor wir uns jedoch an die Lösungen machen, sollten wir noch einmal den Blick auf die Gesamtsituation werfen, wie Sie sich uns Eltern und Kindern heute darstellt.

Warum immer mehr Kinder unglücklich sind

Eltern zu sein ist mitunter ein schwieriges Unterfangen. Viele Fragen und noch mehr Antworten verwirren oft mehr als sie nützen. Lernen Sie, wieder auf Ihre Intuiton zu vertrauen.

Kinderpsychologen berichten vom Anwachsen der Zahl ernsthaft gestörter Kinder oder von Kindern, die unzufrieden, gelangweilt, anmaßend, eben unglücklich sind. Ratlose, verunsicherte Eltern versuchen, immer wiederkehrenden familiären Krisensituationen beizukommen, indem sie sich Interessensgruppen anschließen, Vorträge besuchen oder Bücher und Zeitschriften zu Rate ziehen. Nicht immer mit Erfolg. Denn oft bleiben grundlegende Fragen offen, oder die Rat suchenden Eltern sind am Ende durch die Vielzahl von Informationen noch verunsicherter als zuvor.

Generationen früherer Zeiten oder auch die Angehörigen primitiver Stämme brauch(t)en keine Ratschläge von Fachleuten. Sie hatten und haben ihre gesellschaftlich verbürgte Tradition, wie sie den Nachwuchs großziehen, damit er sein Leben selbstständig meistern kann. Lebensprobleme und schwierige Situationen können nach althergebrachten Rezepten gehandhabt werden. Und jeder Vater, jede Mutter, jedes Kind haben so immer das Gefühl, sich ihrer Sache sicher zu sein.

Erziehung – Spiegel der Gesellschaft

Wir hingegen befinden uns in einer Situation des tief greifenden sozialen Wandels. Auch ist unsere Kultur in Westeuropa wie in den USA bei weitem komplexer als die der Naturvölker. Durch den Verlust an hilfreichen Traditionen sind viele Erwachsene sehr verunsichert. Zudem fand in den letzten Jahrzehnten ein Wechsel zwischen den verschiedensten Erziehungskonzepten statt, deren Spektrum höchst widersprüchlich ist und Eltern und Kinder gleichermaßen verunsicherte. Heute gipfelt die Rat- und Hilflosigkeit in der Klage von vielen Eltern sogar in alltäglichen Erziehungssituationen, sie wüssten einfach nicht, was sie mit ihren Kindern anstellen sollen.

Eine Familie ist Bestandteil der Gesellschaft. Für Eltern heißt das, dass sie sich mit ihren Anforderungen an die Kinder, kritisch auseinander setzen müssen.

Demokratie auch in der Erziehung

In den westlichen Kulturen bestimmt das Zeitalter der Demokratie unser Zusammenleben – im Großen wie im Kleinen. Im Gesetz verankert ist die Gleichwertigkeit jedes Mitgliedes einer demokratischen Gesellschaft. Das heißt, jeder Erwachsene und jedes Kind hat Anspruch auf Respekt und die Erhaltung seiner Würde. Leider ist es nicht gerade leicht, diese Gedanken in unserer Lebensweise zu verankern. Das liegt zum einen sicher daran, dass wir immer noch keine über viele Generationen hinaus bewährten Erziehungsmethoden kennen, die auf den Grundsätzen der Gleichwertigkeit aller Menschen, der Erziehenden ebenso wie der Kinder, beruhen. Zudem wird es Eltern von gesellschaftlicher Seite auch nicht gerade leicht gemacht, ihre Kinder zu einem Leben zu führen, in dem sie sich freiheitlich entfalten, gleichzeitig die Freiheit ihrer Mitmenschen achten und Verantwortung übernehmen können. Viele Erwachsene stehen unter dem Druck, ihre Kinder den gesellschaftlichen Gegebenheiten »anzupassen«. Die standardisierten Lebenskonzepte früherer Generationen erscheinen uns dabei viel zu eng, aber der postmoderne Aufbruch fester familiärer Strukturen scheint uns manchmal genauso zu ängstigen und zu verunsichern.

Welche Erziehungsstile es gibt

In der Pädagogik unterscheidet man vier Erziehungsstile, die von extrem konservativ bis äußerst liberal reichen. Der glückliche Mittelweg ist nicht unbedingt der einfachste, denn er verlangt von uns Eltern viel Liebe und Engagement, ohne jedoch in Überfürsorge abzugleiten, sowie den Mut, Ordnung und Grenzen aufzuzeigen.

Der autoritäre Stil

Fühlen Sie sich beim »Erziehen« oft hilflos und überfordert? Versuchen Sie, in solchen Situationen innerlich einen Schritt zurückzutreten, um die Ruhe und den Überblick wiederzugewinnen.

Dieser Erziehungsweg verlangt die absolute Unterwerfung des Kindes unter den Willen des Erwachsenen. Das Kind wird als hilflos, schwach und entscheidungsunfähig betrachtet. »Du hast zu tun, was ich sage!«, lautet das Erziehungsmotto. Eine der Grundregeln dabei ist, dass das Kind keinesfalls das tun darf, zu dem der Erwachsene grundsätzlich berechtigt ist.
Kritik: Freiheit, Eigenverantwortlichkeit und Entfaltungsraum der eigenen Anlagen kommen zu kurz. Ordnung und Struktur werden zu Macht und Zwang, Geborgenheit und Wärme kommen zu kurz. Es wird für das Kind schwierig, wenn nicht gar unmöglich, ein gesundes Selbstbewusstsein und Gemeinsinn zu entwickeln.

Der Laisser-faire- oder antiautoritäre Stil

Die Bezeichnung dieses Erziehungsstiles, der im Wortsinn eigentlich gar keiner ist, stammt von dem französischen »machen lassen«. Er wurde als Gegenmodell der 68er Generation gegen deren autoritäre Elterngeneration konzipiert. Hier gehen Erzieher und Eltern davon aus, dass das Kind aus seiner Natur heraus das Richtige tun wird. Ihm wird uneingeschränkte Freiheit gelassen.
Kritik: Die Ansprüche des Kindes in seiner Gruppe gewinnen Überhand. Es lernt, seinen Willen gegen den anderer durchzusetzen, auch wenn es grundsätzlich zu einem Miteinander fähig ist. Da das Kind jedoch nicht weiß, wie es Grenzen einhalten soll, stellt es sich in den

Mittelpunkt, was das Zusammensein mit anderen Menschen erschwert. Laissez-faire als Erziehungsstil lässt auf eine zu starke Ich-Bezogenheit und Verantwortungsscheu der Eltern schließen.

Der vernachlässigende Erziehungsstil

Das Kind wird sich selbst überlassen. Es fehlt das Ordnungsprinzip ebenso wie Wärme und Geborgenheit.
Kritik: Nicht selten verwahrlost das Kind. Es kann kein vitales Interesse an seinen Mitmenschen entwickeln und verkümmert seelisch, fühlt sich unsicher und nicht zugehörig. Das Bemühen um eine eigene Identität nimmt nicht selten einen (selbst)-zerstörerischen Verlauf.

Unsere Erziehung und unsere Kultur prägen die Art, wie unsere Kinder die lebenswichtigen Grundgefühle Wut, Angst, Traurigkeit und Freude auszudrücken lernen.

Der autoritative Erziehungsstil

Freiheit und Verantwortlichkeit werden hier groß geschrieben, ebenso wie Ermutigung und Anregung dafür, dass das Kind freiwillig seinen eigenen Beitrag leisten kann, um die Ordnungsstruktur, innerhalb der es groß wird, aufrechtzuerhalten. Die Familie versucht ein Zusammenleben Gleichwertiger zu verwirklichen unter Berücksichtigung jeder einzelnen Persönlichkeit und ihrer Fähigkeiten. Das Kind wird durch das elterliche Vertrauen und das früh erfahrene Gefühl von Geborgenheit auf seinem Weg begleitet, kann eigene Lebensmaßstäbe entwickeln und diese verfolgen.
Kritik: Der autoritative Erziehungsstil scheint der zeitgemäße Weg zu sein, sein Kind zu begleiten und ihm gleichzeitig eine glückliche Kindheit zu bescheren. Eltern und Kind achten (auf)einander und berücksichtigen gegenseitig ihre Bedürfnisse. Autorität ohne den Gebrauch von Zwang und Gewalt im Zusammenspiel mit Wärme schafft ein gewaltfreies Klima, versichert das Kind seiner familiären Zugehörigkeit und fördert seine Selbstständigkeit. Im Heranwachsen hat es die Freiheit, sich selbst zu formen, und die Chance, zum selbstständigen, mitfühlenden Menschen zu werden.

Der beste Erziehungswegweiser: unser Instinkt

Wenn Sie uns bis hierhin gefolgt sind und nun am Überlegen sind, wie Sie das bisher Gesagte am besten verarbeiten und in Ihren Familienalltag integrieren können, halten Sie bitte ein, und lassen Sie auch noch die hier folgenden Zeilen auf sich wirken! Je kleiner unsere Kinder sind, desto mehr sollten wir uns unserem Gefühl der Fürsorge überlassen und uns von nichts und niemandem darin beirren lassen. Nur so kann ein wirkliches gegenseitiges Vertrauen entstehen, die Grundlage für eine glückliche Kindheit und ein glückliches Familienleben.

Und denken Sie daran: Kinder sind robust und durchaus in der Lage, den einen oder anderen Fehler ihrer Eltern zu verzeihen, solange das Grundgefühl stimmt. Sie geben Ihnen immerhin zwei Jahre Zeit, Ihr Erziehungshandwerk zu lernen und mit der Persönlichkeit, die da langsam, aber sicher neben Ihnen heranwächst, zusammenzukommen.

Im Grunde sind Kinder immer bereit, alle Wege ihrer Eltern mitzugehen. Vertrauen Sie auf die Kraft Ihres Kindes und Ihre Liebe zu ihm.

Liebevolle Elternschaft ist angeboren

Der amerikanische Kulturanthropologe Norman Chance hat bei seinen Beobachtungen der Inuit, der Eskimos im Norden Alaskas, festgestellt, dass der liebevolle, intensive Körperkontakt, den Säuglinge und Kleinkinder in dieser Kultur genießen, zur frühen Selbstständigkeit der Kinder führt. Andere Verhaltensforscher, wie Irenäus Eibl-Eibelsfeldt von der Max-Planck-Forschungsstelle in Andechs, bestätigen diese Erkenntnisse anhand ähnlicher Verhaltensweisen von Stammesvölkern der pazifischen Inseln oder afrikanischer Halbwüsten. Obwohl die Lebensumstände dieser Stämme denkbar unterschiedlich sind, haben sie eines gemeinsam: Mütter und Väter sind sehr liebevoll und reagieren schnell auf das Schreien ihres Babys, das so sein Bedürfnis nach Sicherheit ausdrückt. Sie folgen damit ganz einfach ihrem Gefühl. Die Fähigkeit, unseren

Kindern die Zuwendung zu geben, die sie brauchen, ist auch uns angeboren. Eltern, die dazu nicht in der Lage sind, haben in der Regel große seelische Probleme oder trauen ihren Gefühlen nicht, weil ihnen etwas anderes beigebracht wurde.

Zeit der Nähe, Zeit der Loslösung: Unser Kind gibt die Signale, wann es was braucht. Wir Eltern müssen diese nur verstehen lernen.

Vorurteile, die ausgeräumt werden sollten

Für uns Eltern sind die Erkenntnisse der Wissenschaftler ein Trostpflaster und gleichzeitig eine Versicherung, sich auf unsere Intuition zu verlassen. Schließlich räumten die Forscher mit einigen gängigen Vorurteilen auf, die im westlichen Kulturkreis immer noch verbreitet sind und viele Eltern verunsichern, die ihrem Instinkt folgen möchten, aber Angst davor haben, etwas falsch zu machen:

- Ein Baby schreit nicht häufiger, wenn es sofort getröstet und auf den Arm genommen wird.
- Babys können nicht verwöhnt und verzärtelt werden. Erst größere Kinder, die beispielsweise aus Wut losschreien, lassen sich »verwöhnen« durch Eltern, die sofort einlenken.
- Säuglinge und Kleinkinder, die viel Körperkontakt mit Mutter und Vater haben, entwickeln sich keineswegs zu Tyrannen in ihrer Familie. Bei den Kindern der beobachteten Völker stellte sich sogar heraus, dass sie sehr viel früher selbstständig sind als Gleichaltrige in Westeuropa oder den USA.
- Mit der Vollendung des dritten Lebensjahrs stillt man die Säuglinge der Naturvölker ab. Dann werden die Mütter in der Regel wieder schwanger, da die natürliche Verhütung durch das ständige Stillen unterbleibt. Dieses Alter ist insofern ideal, als sich das Kleine ohne Konkurrenz durch ein jüngeres Geschwister langsam von der Mutter lösen kann. Tatsächlich beträgt der durchschnittliche Altersunterschied beispielsweise bei den Inuit-Kindern vier Jahre.

Durch das Spiel mit Gleichaltrigen, bei dem die Kinder sich meist selbst überlassen bleiben, und die Imitation der elterlichen Tätigkeiten werden die Kinder dann auf das Leben und die Übernahme von Pflichten in der Gemeinschaft vorbereitet.

Hellwach und mit allen Sinnen erforschen Kinder ihre Umwelt. Nie wieder in ihrem Leben werden sie so schnell und so viel lernen.

Beobachtungen beim Wachsen und Werden

Wenn wir unseren Kindern gerecht werden möchten, müssen wir lernen, sie zu verstehen und ihre Verhaltensweisen zu entschlüsseln. Denn gerade in den ersten Lebensjahren haben wir es noch mit Wesen zu tun, die ihre eigene rätselhafte Sprache sprechen. Und diese hat recht wenig damit zu tun, wie wir uns miteinander austauschen. Bis junge Eltern die Geheimsprache ihres Säuglings enträtselt haben, ob er jetzt lieber schmusen oder seine Ruhe haben will, besitzt das Kleine nach einiger Zeit meist die Freundlichkeit, Silben zu brabbeln, die auch »Riesen« verstehen können.
Auch haben die meisten von uns verlernt, in kindlichen Kategorien zu denken, oder können einfach nicht nachvollziehen, was sich in den kleinen Köpfen abspielt. Elterliche Intuition ist hier das Zauberwort, Ruhe bewahren die Formel und sich bei seinen Bestrebungen, nur das Beste für Kind und Familie zu wollen, nicht zu sehr verunsichern zu lassen. Die folgenden Ausführungen mögen dabei helfen, das eine oder andere Signal Ihres Kindes leichter zu deuten und besser darauf einzugehen zu können. Der Blick auf unser Kind und seine besondere Logik wird geschärft, der seine ist es ohnedies. Schließlich sind wir das große Vorbild, an dem es sich orientiert.

Kinder haben einen unmittelbaren Bezug zu ihren Gefühlen und Bedürfnissen. Ermutigen Sie es, seinen Impulsen zu vertrauen.

Eine glückliche Kindheit von klein auf

Der erstaunte Ausruf der Patentante, wie groß der kleine Max oder die kleine Sophie seit dem letzten Besuch doch wieder geworden sei, ist nicht nur eine Phrase. Ein Kind verändert und entwickelt sich tatsächlich ständig. In den ersten Wochen und Monaten seines Lebens können wir förmlich zuschauen, wie das Neugeborene wächst und sich vom fast ausschließlich schlafenden und trinkenden

Säugling zum wachen und neugierigen Krabbelkind wandelt. Auch später ist es stets ungeheuer spannend zu sehen, welche Fähigkeiten unsere Kinder vom Laufen bis zum Sprechen erwerben.
Die weitere Entwicklung bis zum Schulkind und bis ins Jugendalter erfolgt etwas langsamer, unterliegt jedoch ebenso wie das erste Lebensjahr einer gewissen Gesetzmäßigkeit, die uns als Anhaltspunkt für die Frage dienen soll: »Entwickelt sich unser Kind gesund und normal?« Je häufiger wir diese Frage positiv beantworten können, desto glücklicher ist die Kindheit unserer Sprösslinge. Zwar verläuft der Wachstumsprozess bei jedem Kind anders und ist abhängig von seiner Veranlagung, individuellen Struktur und auch zum Teil von äußeren Gegebenheiten, doch gibt es innerhalb jeder Entwicklungsphase typische Merkmale, die zeigen, ob sich ein Kind gesund und altersgemäß entwickelt.

Jedes Kind hat seinen ganz eigenen Entwicklungszeitplan. Halten Sie ein, wenn Sie glauben, »anschieben« zu müssen. Fördern Sie, ohne zu viel zu fordern.

Alles, was Sie über die kindliche Entwicklung wissen sollten

Auf den folgenden Seiten erhalten Sie einen Überblick über die wichtigsten Entwicklungsphasen eines Kindes und erfahren, anhand welcher Merkmale Sie erkennen können, an welchem Punkt seiner Entwicklung sich Ihr Kind befindet und wie Sie es am besten unterstützen können.
Da jedes Kind innerhalb eines gewissen Rahmens ein ganz eigenes Tempo hat und sich im Vergleich zu Gleichaltrigen manchmal ganz anders verhalten kann, ist es für Sie wichtig, Ihr Kind und seine Signale zu verstehen. Grundsätzlich gilt: Jedes normal und gesund geborene Kind entwickelt sich auch »normal«, krankheitsbedingte Verzögerungen der Entwicklung werden meist bei den üblichen ärztlichen Vorsorgeuntersuchungen rasch erkannt.
Im Zweifelsfall sollten Sie sich jedoch nicht scheuen, einen Spezialisten aufzusuchen. Logopäden, Krankengymnasten oder Kinderpsychologen können frühzeitig Störungen erkennen und behandeln. Unterschiedliche körperliche oder geistige Fähigkeiten bei Gleich-

altrigen sind allerdings meist durch die individuelle Entwicklung jedes Kindes zu erklären. Haben wir gelernt, unser Kind in seiner Eigenart zu erkennen, müssen wir uns auch keine Gedanken über den einen oder anderen fehlenden »Fortschritt« machen. Wir können gelassen die Entwicklung unserer Kinder begleiten und ersparen uns unnötige Sorgen und Ängste.

Das erste Lebensjahr

Die Zeit von der Geburt eines Kindes bis zu seinem ersten Lebensjahr ist die wichtigste in seinem ganzen Leben. Dieser Satz mag vielen Eltern übertrieben erscheinen. Doch die frühkindliche Entwicklungsforschung hat gezeigt, dass Erfahrungen von Kindern in dieser Zeit prägend für ihr Verhalten im ganzen späteren Leben sind. Erlebt ein Kind während seiner ersten Monate ein vertrauensvolles Verhältnis zu seiner Mutter, fühlt es sich beschützt und geliebt. Sein Selbstbewusstsein wird jetzt schon gestärkt, ebenso wie sein Vertrauen in seine Umgebung für die Dauer seiner Kindheit und sogar für sein Erwachsenenleben.

Nie wieder lernt ein Kind so viel wie in seinem ersten Lebensjahr. Wenn seine Grundbedürfnisse befriedigt werden, tut es dies mit großer Lust und Freude.

Die Mutter-Kind-Symbiose der ersten Lebensmonate

Die wichtigsten Faktoren dabei sind: die Erfüllung seines Bedürfnisses nach körperlicher Nähe und, wenn möglich, gestillt zu werden. Die bedingungslose Erfüllung der Bedürfnisse eines Neugeborenen nach Nähe und Zuwendung lässt sich am besten durch den Umstand erläutern und begründen, dass die psychische Geburt des Menschen erst nach seinem ersten Lebensjahr stattfindet. Das heißt, das Neugeborene empfindet sich für eine sehr lange Zeit noch als Einheit mit seiner Mutter, nicht als eigenständiges Wesen. Eine Trennung von ihr bedeutet sozusagen eine Amputation eines Teils seines Selbst. Im Vergleich zu neugeborenen Tierkindern z. B. ist ein menschliches Baby absolut hilflos und nicht in der Lage, alleine zu überleben. Aus diesem Grund sollten Sie die Signale Ihres Babys stets als Versuch betrachten, seine elementaren Bedürfnisse nach Nahrung, Zuwendung, Körperkontakt oder Schlaf zu zeigen.

Babys sind nicht sprachlos

Da ein Baby sich nicht anders äußern kann, muss es sich durch Jammern oder Weinen bemerkbar machen. Dies kann jedoch in diesem Alter niemals als ein Ausdruck von »Jähzorn«, »Tyrannei« oder »Schikane« gesehen werden, sondern immer als ein Zeichen von Unwohlsein und ein Verlangen nach Hilfe. Sie werden recht schnell am Tonfall des Weinens erkennen, ob Ihr Baby hungrig oder müde ist oder einfach nur auf den Arm genommen werden will.

Allerdings gibt es auch bei fast jedem Säugling Zeiten, in denen er sich scheinbar durch nichts beruhigen lässt, in denen die verzweifelten Eltern alles versucht haben, um ihr Baby zu beruhigen, und es dennoch nicht aufhört zu schreien. Es mag vielleicht ein kleiner Trost sein, dass alle Eltern diese Situation kennen und selbst erfahrene Mütter und Väter keine Erklärung für das kleine schreiende Etwas haben, um das sie sich sorgen. Neben den bekannten Drei-Monats-Koliken kann gelegentlich auch Überreiztheit eine Rolle spielen – und Babys können durch ihr Schreien tatsächlich Stress abbauen. Dabei können Eltern oft nicht mehr für ihr Kind tun, als einfach nur da zu sein und dem Kind das beruhigende Gefühl zu geben, dass es nicht alleine ist.

Dass es sich auf seine Eltern verlassen kann und sie immer wiederkommen, weiß das Baby nicht von Anfang an, sondern muss es erst allmählich durch hundertfache Erfahrung lernen.

Ganz Ohr und ganz Auge – die Sinne erwachen

Mit der Erfüllung seiner grundlegenden Bedürfnisse geben Sie Ihrem Kind eine tragfähige Basis für seine weitere gesunde Entwicklung. Nach den ersten zwei Monaten, die meist mehr Schlaf- als Wachzeiten enthalten, erwachen ungefähr ab dem dritten Monat die Sinne für Hören und Sehen. Ihr Kind reagiert auf bestimmte Geräusche wie eine Glocke oder die Melodie einer Spieluhr, und es sieht am liebsten in bekannte Gesichter. Die große Phase des Aufnehmens hat begonnen, das Baby ist ganz Ohr und ganz Auge. So schön diese Phase für die Eltern ist, die damit das Erwachen ihres Kindes verfolgen können, so groß ist auch die Verantwortung für Ihr Kind in dieser Zeit: Kinder in diesem Alter haben keinen Filter, um zu viele, zu laute oder zu intensive Reize in Ihrer Umgebung abzuschwächen, sie nehmen alle Eindrücke auf. Bereits hier macht sich auch die individuelle Konstitution Ihres Kindes bemerkbar, besonders sensible Kinder reagieren unmittelbar auf ein Zuviel an Geräuschen oder Eindrücken mit Weinen oder Unruhe. Andere können scheinbar ein wenig mehr aushalten, sollten aber dennoch nicht überfordert werden.

Zeitstrukturen helfen, Ruhe zu finden

Besonders wichtig dabei ist, dass Sie ihrem Baby die Möglichkeit geben, sich durch regelmäßige und ausgiebige Schlafzeiten, möglichst immer zur gleichen Zeit, von den erlebten Eindrücken zu erholen. Die Einhaltung fester Zeiten entspricht dem natürlichen Bedürfnis der meisten Kinder nach Rhythmus und erleichtert das Einschlafen. Ein gleichmäßiger Tagesablauf mit immer wiederkehrenden Elementen gibt Ihrem Kind Halt und Sicherheit.

Mit den Bewegungsmöglichkeiten wächst der Aktionsradius Ihres Kindes und sein Selbstbewusstsein. Wie aufregend muss das sein, wenn man sich plötzlich selbst fortbewegen kann!

Der Bewegungsdrang wächst

Im vierten und fünften Monat beginnt Ihr Kind bereits willkürlich mit Greifbewegungen, es hebt die Ärmchen, schaut seine Hände und Finger an. Manche Kinder versuchen bereits, sich von der Seiten- in die Rückenlage und umgekehrt zu bringen.

In der Bauchlage stützen sich manche Kinder mit den Armen auf und heben den Kopf. Im sechsten und siebten Monat beginnen die meisten Kinder die Füße aufzustellen und die Knie durchzudrücken, eine Vorübung zum Stehen. Das freie Sitzen ermöglicht eine ganz neue Perspektive und einen größeren Handlungsspielraum: Die

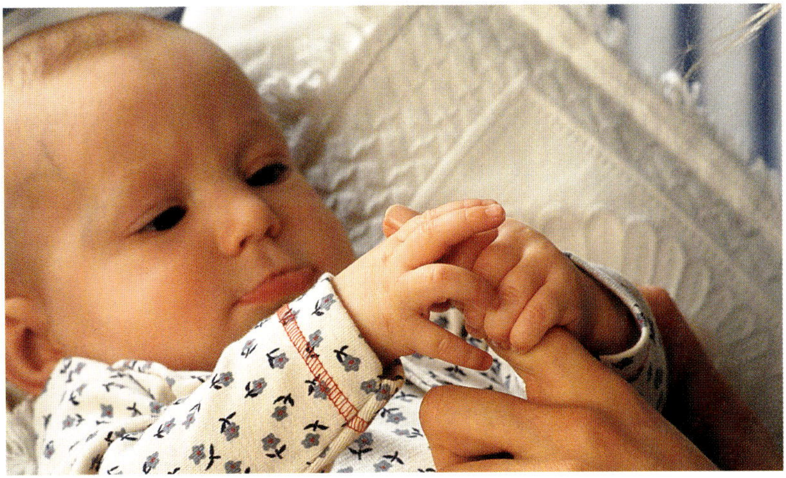

»… der schüttelt die Pflaumen …« Ein einfacher alter Kinderreim genügt, die Sinne Ihres Kindes anzuregen. Nehmen Sie sich Zeit für solch wertvolle kleine Spiele.

Hände sind frei und können schon Gegenstände, die in der Nähe liegen, ergreifen und untersuchen. In den nächsten Monaten werden alle diese Fähigkeiten noch verbessert, das Kind wird mit seinen wachsenden Möglichkeiten auch immer ein Stückchen unabhängiger und selbstständiger.

Ein Baby lernt durch Versuch, Irrtum und Erfolg. Geben Sie ihm ausreichend Möglichkeiten zum freien Hantieren. Etwas selbst tun zu können, macht Kinder glücklich.

Das Baby sinnvoll unterstützen

Dabei zeigt Ihnen Ihr Kind stets, wann es einen neuen Schritt tun möchte, und genau an dieser Stelle können Sie Ihrem Kind die Möglichkeit geben, einen Fortschritt zu machen. So zeigen manche Babys beispielsweise schon recht früh Interesse für die Nahrung, mit der sie gefüttert werden, und für den Löffel, den Mama oder Papa hält.

Kann das Kind bereits frei in seinem Stühlchen am Tisch sitzen und möchte es gerne einmal versuchen, selbst mit dem Löffel zu essen, lassen Sie es ruhig ausprobieren, auch wenn dabei mehr Brei im Gesicht und auf dem Boden landet. Möglicherweise ist das Interesse schnell erschöpft, und das Kind wird zu einem späteren Zeitpunkt einen neuen Versuch wagen.

Wichtig: der Gleichgewichtssinn

Ermöglichen Sie Ihrem Baby bei warmen Wetter den Kontakt zum natürlichen Boden, zu Erde, Sand oder Gras: Nackt übers Gras zu krabbeln oder barfuß zu laufen, ist ein großer sinnlicher Genuß.

Zwischen dem achten und zwölften Lebensmonat beginnen die meisten Kinder, sich in irgendeiner Weise frei am Boden fortzubewegen. Krabbeln ist dabei nur eine mögliche Form. Es gibt Kinder, die auf dem Bauch mehr robben als krabbeln oder auf dem Rücken liegen und sich mit den Füßen abstoßen, andere drehen sich mehrmals um die eigene Achse, um auf diese Weise auch durchs ganze Zimmer zu gelangen.

Wichtig ist eigentlich nur, dass die Kinder sich tatsächlich am Boden durch den Raum fortbewegen, denn dadurch wird der Gleichgewichtssinn geschult. Alle Übungen, die frühzeitig das Stehen und Gehen fördern sollen, auch so genannte Gehfreigeräte, sind dagegen nicht empfehlenswert, denn jedes Kind benötigt seinen eigenen Zeitraum, in dem es Stehen und Gehen lernt. Zu viel Ehrgeiz vonseiten der besorgten Eltern ist hier gar nicht notwendig, denn eine längere Krabbelzeit fördert später ein sicheres Gehen, was Ihrem Kind auf natürliche Weise Mut und Selbstvertrauen vermittelt.

Von den ersten Schritten bis zum Kindergarten

Der große neue Abschnitt des Laufenlernens bedeutet sowohl für Ihr Kind selbst als auch für die Mutter-Kind-Beziehung eine wichtige Veränderung. Ihr Kind wird nun seine ersten Schritte hinaus ins Leben machen und sich Stück für Stück ein wenig lösen, um jedoch immer wieder zu seiner sicheren Basis zurückzukehren. Voller Stolz wird es seine ersten Schritte alleine machen.

Viele Eltern berichten, dass ihr Kind sich durch das Laufenkönnen sehr verändert habe. Der Unmut über viele vergebliche Versuche, aufzustehen und an ein bestimmtes Ziel zu gelangen, weicht nun einem Hochgefühl mit dem Glauben, plötzlich die ganze Welt erobern zu können.

Der Weg in die Freiheit kann beginnen

Ihr Kind kann Ihnen nun bei Ihren Tätigkeiten durch die Wohnung nachfolgen oder auch einmal woanders hingehen, es hat ein Stück Freiheit und Unabhängigkeit errungen. Dennoch ist es ganz wichtig, dass es sich stets wieder auf Mamas oder Papas Schoß von seinem Abenteuer erholen kann. Groß sein strengt an.
Geht ein Kind diese ersten Schritte alleine und weg von uns, geraten wir leicht in Versuchung, es ein wenig zu bremsen, z. B. durch übertriebene Ängstlichkeit oder Besorgnis, dass es fallen oder sich weh tun könnte. Doch auch Hinfallen ist eine wichtige Erfahrung, und wenn das Kind spürt, dass seine Eltern ihm vertrauen und ihm etwas zutrauen, wird es sich selbstbewusster und sicherer bewegen als ein Kind, das ständig den ängstlichen Blick seiner Eltern im Rücken spürt.

Die Entdeckungsreisen der Kinder strapazieren häufig die Nerven der Eltern. Aber die Welt um uns herum steckt voller Geheimnisse, die unbedingt erkundet werden müssen.

Loslassen bedeutet Vertrauen

Wichtig dabei ist, dass Ihr Kind zurückkommen kann, wenn es dies will und braucht. Das Muster von Loslassen, Weggehen und Wiederzurückkommen in den sicheren Hafen durchzieht die Zeit vom ersten bis zum vierten und sogar fünften Lebensjahr wie ein Leitmotiv. Lediglich der Abstand, in dem die Kinder sich entfernen und wieder zurückkehren, wird ständig größer. Lassen wir unseren Kindern dabei ihren eigenen Rhythmus, ohne sie einerseits festzuhalten oder andererseits zu sehr zu drängen, ermöglichen wir ihnen eine immer größer werdende Selbstständigkeit und Sicherheit.

Die Sprachentwicklung unterstützen

Das Alter zwischen einem und drei Jahren steht im Zeichen der Sprachentwicklung. In dieser Zeit lernen die Kinder von der einfachen Benennung verschiedener Dinge bis hin zu Zwei- Drei- und schließlich Mehrwortsätzen, sich immer deutlicher verständlich zu

machen. Sprechen Sie Ihrem Kind immer die Worte richtig vor, ohne es jedoch in seiner Babysprache zu korrigieren. Kinder benennen z. B. Tiere zunächst häufig nach deren Lauten, wie »Wau-Wau« für Hund oder »Miau« für Katze. Wiederholen Sie die Sätze, die Ihr Kind spricht, noch einmal richtig, um ihm zu zeigen, dass sie es verstanden haben. Sagt es beispielsweise: »Papa Heia«, so antworten Sie: »Ja, Papa schläft.« Auf diese Weise geben Sie Ihrem Kind ein Vorbild, ohne ihm das Gefühl zu vermitteln, etwas falsch gemacht zu haben. Auch die Sprachentwicklung folgt bei jedem Kind einem eigenen Entwicklungs- und Zeitplan.
Sie können es unterstützen, indem Sie sich mit ihm unterhalten, ihm viel erzählen, mit ihm Bilderbücher ansehen und die Bilder erklären. Schon frühzeitig können Sie auch damit beginnen, den Kindern etwas vorzulesen, natürlich altersentsprechende Geschichten. Später sind vor allem die Märchen sehr gut geeignet, nicht nur zur Förderung der Sprache, sondern auch als Hilfe, unbewusste Konflikte und Ängste zu bearbeiten.

Kinder trotzen nicht, um ihre Eltern zu ärgern, sondern weil ihr Wunsch im Gegensatz zu den tatsächlichen Gegebenheiten steht. Sie müssen erst mühsam lernen, mit dieser Problematik umzugehen.

Eigenwille und Eigenart

Zu der zunehmenden Selbstständigkeit und dem Ablösungsprozess in dieser Zeit gehört unabdingbar die so genannte Trotzphase, die etwa zwischen dem zweiten und dritten Lebensjahr am ausgeprägtesten zu erkennen ist. Dieser »Trotz« bedeutet im Grunde nichts anderes, als dass sich das Kleinkind zunehmend als eigenständige Persönlichkeit erkennt, die mit ihren Wünschen und Gefühlen durchaus im Gegensatz zu seinen Bezugspersonen stehen kann. Diese neu gewonnene Erfahrung, »selbst jemand zu sein«, muss gefestigt und verteidigt werden.
Dies drückt sich meist vor allem darin aus, dass die Kinder versuchen, den als eigen erlebten Willen auch durchzusetzen. Für manche Eltern wird dies zu einer großen Belastungsprobe, da es manchmal vom Anziehen übers Essen bis hin zum Schlafengehen keine Situation gibt, in der nicht Meinungsverschiedenheiten auftreten.

Bitte bedenken Sie bei aller verständlichen Strapazierung Ihrer Nerven und Ihrer Geduld: Ihr Kind will Sie nicht ärgern durch sein Verhalten, sondern es will verschiedene Dinge herausfinden:

- Welche Dinge kann ich selbst entscheiden?
- Was entscheiden meine Eltern für mich?
- Sind meine Eltern stark, und kann ich mich auf sie verlassen?
- Wo ist mein Platz in der Familie?

Wenn Sie Ihrem Kind Grenzen setzen, müssen Sie dafür sorgen, dass sie auch eingehalten werden. Konsequent sein und Ruhe bewahren macht es Ihnen und Ihrem Kind leichter.

Standhafte Eltern sind gefragt

Vielleicht können Sie einmal in Ruhe über diese Fragen nachdenken, so dass Sie selbst Klarheit bekommen. Es gibt viele Situationen, in denen Ihr Kind seine Wünsche artikulieren kann und Entscheidungsspielräume haben soll, z. B, ob es rote oder blaue Strümpfe anziehen mag. Andere Entscheidungen werden jedoch nicht zur Diskussion gestellt. Um bei dem Beispiel zu bleiben: Es darf gar keine Frage sein, dass bei kalten Temperaturen Strümpfe angezogen werden. Hier sind wir gefordert, einen schwierigen Weg zu gehen. Zum einen wollen wir natürlich das Recht unseres Kindes, eine eigenständige Persönlichkeit mit eigenen Wünschen und Vorstellungen zu sein, respektieren, zum anderen ist es ganz wichtig, dass wir unsere Aufgabe als Eltern begreifen und die Verantwortung für unser Kind übernehmen.

Sinnvolle Gebote aussprechen

Versuchen wir, unserem Kind seinen Willen zu lassen, kann es leicht passieren, dass wir es mit vielen Entscheidungen, die es treffen soll, überfordern. Ein Kind kann die Achtung vor seinen Eltern verlieren, die ständig dem eigentlich Kleineren und Schwächeren nachgeben. Deshalb ist es ganz wichtig, sich seiner Rolle als Erzieher und Vorbild bewusst zu sein und möglichst sinnvolle Gebote auszusprechen und durchzusetzen. Die Freiheit des Kindes wird gewahrt, wenn wir ihm die praktischen Konsequenzen seines Tuns aufzeigen und ihm die Möglichkeit lassen, sich für den positiveren Weg zu entscheiden. Sitzt die Familie beispielsweise am Tisch und möchte gemeinsam in Ruhe essen, so muss derjenige, der immer die anderen stört, das Zimmer verlassen. Wer fertig ist mit Essen, darf aufstehen und rausgehen, jedoch ist dann die Mahlzeit auch für ihn beendet. Ruhiges, konsequentes Verhalten ohne Vorwürfe und Schimpfen ist am wirkungsvollsten.

Kinder sollen die Entdeckung des eigenen Körpers und der Fähigkeit, etwas bewusst loslassen und festhalten zu können, lustvoll und ohne den unnötigen Druck, »jetzt endlich sauber werden zu müssen«, erleben dürfen.

Die Körperfunktionen kontrollieren lernen

Ein weiterer Bereich, in dem sich die zunehmende Selbstständigkeit und Bewusstwerdung über das eigene Ich zeigt, ist das Sauberwerden eines Kindes im Alter zwischen zwei und etwa dreieinhalb Jahren. Der Fähigkeit, seine Ausscheidungen zu kontrollieren, geht ein großer Entwicklungsschritt voraus. Auch hier hat jedes Kind sein individuelles Tempo und kann in seiner Entwicklung gefördert werden, indem wir seine Signale erkennen und es entsprechend unterstützen. Gebremst werden kann dieser weitere Schritt in Richtung Selbstständigkeit, wenn das Sauberwerden zu einem zu frühen Zeitpunkt forciert wird, an dem das Kind noch nicht bereit ist.

»Wenn er ohne Windeln leben kann, kann ich das auch!« Eines von vielen möglichen Motiven, den Weg zum Topf anzutreten.

Oftmals äußern Kinder in diesem Alter den Wunsch, sich auszuziehen und ohne Windel und ohne Kleider herumzutollen. Ist es möglich, diesen Wunsch zu erfüllen, auch wenn ab und zu ein kleines Malheur passiert, spürt ein Kind sehr schnell, wann der richtige Zeitpunkt gekommen ist, und es macht ihm richtig Spaß, auf ein Töpfchen zu gehen, welches mit einem kleinen Hinweis bereitgestellt wurde. Ist uns der Zeitpunkt des Sauberwerdens letztendlich egal, kann das Kind seinem eigenen Rhythmus ohne Druck und Angst folgen. Oft werden Kinder auf diese Weise schneller sauber, als wenn sie ständig ermahnt oder erinnert werden.
Ein Bedürfnis der Kleinen in dieser Altersstufe ist es auch, mal im Dreck und im Matsch oder im Sand und mit Wasser zu spielen. Diese Spiele sind sehr wichtig für ihre Entwicklung und sollten nicht unnötig eingeschränkt werden, auch wenn dadurch etwas Mehrarbeit mit Waschen und Reinigen verbunden ist.

Meine Sachen bin ich selbst.« Besitz und Person hängen bei kleineren Kindern noch unmittelbar zusammen. Teilen zu müssen fällt ihnen deshalb besonders schwer.

Loslassen und Hergeben

Letztendlich hat dieser Schritt, der mit der Kontrolle der Ausscheidungsfunktionen einhergeht, auch viel mit dem Thema Hergeben können zu tun, das in diesem Alter ebenfalls eine große Rolle spielt. Nur etwas, das ein Kind bewusst als etwas Eigenes, als zu sich Gehöriges erlebt hat, kann es irgendwann auch bewusst loslassen und hergeben. Diese Beobachtung kann man auch im Spielverhalten der Zwei- bis Dreieinhalbjährigen machen: War es im Alter zwischen einem und zwei Jahren überhaupt kein Problem, sich mit anderen Eltern und Kindern zu treffen – die Kinder spielten meist nebeneinanderher –, so wird es ab zwei plötzlich schwieriger.
Unser Zweijähriger weigert sich plötzlich, auch nur eines seiner Spielsachen dem anderen Kind zu überlassen, wird wütend oder bricht in Tränen aus, wenn wir darauf beharren, doch bitte die Spielsachen zu teilen. Es hat schließlich gerade erst entdeckt, dass es ein eigenes Wesen ist und eigene Sachen besitzt; diese Erkenntnis muss sich erst einmal festigen.

Die Zeit für das Lernen des sozialen Miteinanders beginnt im Kindergartenalter. Jetzt ist das Kind voll und ganz in der Lage, aus freiem Willen etwas geben zu können.

Nicht umsonst ist das übliche Alter für die Aufnahme in einen Kindergarten drei bis vier Jahre. Bis dahin sollten wir akzeptieren, dass unser Kind zunächst einmal sein eigenes Ich (das sich auch in seinem Besitz ausdrückt) erfahren muss, um später teilen und hergeben zu lernen. In der oben beschriebenen Situation ist es z. B. eine Möglichkeit, dass das Besuchskind ein eigenes Spielzeug von sich mitbringt, so dass es auch etwas von sich dabeihat. Es sollte dem eigenen Kind gestattet sein, sein Lieblingsspielzeug oder -kuscheltier zu behalten, mit dem deutlichen Hinweis, dies sei sein Liebstes, andere Spielsachen sollte es aber durchaus an andere Kinder verleihen, ohne einen zu großen Verlust zu spüren.
Auch Geschenke beginnen in dieser Altersstufe für Kinder eine große Bedeutung zu gewinnen. Dazu gehört das Beschenktwerden ebenso wie selbst etwas zu verschenken. Glücksgefühle erleben Kinder ja gerade, wenn es um Geschenke geht, um Geburtstage und Weihnachten, wobei auch die Vorfreude – das Wartenlernen – eine große Rolle spielt.

Hänschen klein, ging allein…

Mit drei oder vier Jahren kommt für Ihr Kind die Möglichkeit, einen Kindergarten zu besuchen. Die meisten Kindergärten nehmen nur Kinder auf, die bei Kindergartenbeginn mindestens drei Jahre alt sind. Darüber hinaus stellen sich manche Eltern auch die Frage: »Wann ist mein Kind überhaupt kindergartenreif?«
Einige Kriterien zur Beantwortung dieser Frage sind z. B. die Sauberkeit tagsüber, die Fähigkeit des Kindes, von sich selbst als »Ich« zu sprechen, und ob es in der Lage ist, seine Bedürfnisse auch anderen Personen gegenüber verständlich zu äußern. Dies gilt sowohl in rein sprachlicher Hinsicht als auch auf eine eventuell vorhandene Schüchtern- oder Scheuheit bezogen. Manche Kinder benötigen auch lediglich eine zeitlich begrenzte Anlaufzeit im Kindergarten, um danach offen und vertrauensvoll auf Erzieherinnen und andere Kinder zuzugehen.

Trennung – für wen ist sie schwerer?

Für andere Kindergartenkandidaten wiederum gilt: Man könnte sie sonst beim besten Willen nicht als schüchtern bezeichnen, doch kommt der Moment der Trennung von Mutter oder Vater und soll das Kind alleine im Kindergarten bleiben, erscheint ihm das als völlig unmöglich, und es klammert sich weinend und verzweifelt an seine Eltern. In diesem Fall sollten sie auch einmal in sich selbst hineinspüren, ob Ihnen die Trennung von Ihrem Kind selbst schwer fällt und wie Sie zu diesem neuen Schritt Ihres Kindes stehen. Ist auch auf Ihrer Seite ein bisschen Wehmut und Zögern dabei, oder denken Sie vielleicht sogar, dass Ihr Kind doch »eigentlich noch recht klein ist«? Dann spürt Ihr Kind diese Unsicherheit und verliert vielleicht den Mut.

Grundsätzlich fühlen sich Kinder in der Gesellschaft von anderen Kindern sehr wohl. Aber jedes Kind braucht verschieden lange, um auf andere zugehen zu können.

Kennenlernzeiten einräumen hilft Vertrauen schaffen

Sind Sie jedoch davon überzeugt, dass Ihr Kind gut aufgehoben ist und neue Spielkameraden zu finden eine Bereicherung bedeutet, signalisieren Sie ihm, dass es das schaffen wird und Sie ihm vertrauen. Manche Kinder benötigen einige Tage Kennenlernzeit, in der Sie vielleicht noch für einige Zeit mit im Kindergarten dabeibleiben können, um Ihrem Sohn oder Ihrer Tochter zu helfen, mit der neuen Umgebung vertraut zu werden.
In vielen Kindergärten ist dies für die Eltern der Neulinge durchaus erlaubt. Sprechen Sie einfach die Erzieherin Ihres Kindes darauf an, wenn Sie das Gefühl haben, Ihrem Kind dadurch den Anfang zu erleichtern. Und vergessen Sie nicht: Eine gewisse Schüchternheit zu Beginn eines solch großen Schrittes ist völlig gesund und normal. Wenn wir ehrlich sind: Selbst wir Erwachsene erleben eine ähnliche Situation häufig als ebenso anstrengend und verunsichernd, und Vertrauen fassen braucht Zeit. Geben Sie Ihrem Kind genug davon, ohne ungeduldig zu werden.

Ihre wichtigsten Partnerinnen: die Erzieherinnen

Kinder brauchen neben ihren Eltern andere Erwachsene als Freunde und Vertraute: Sie nehmen Ihr Kind ganz anders wahr und wecken völlig neue Seiten in ihm.

Sollte Ihr Kind sich allerdings auch nach einer Übergangszeit immer noch nicht wohl fühlen, sondern Anzeichen der Überforderung wie erneutes Einnässen, Aggressivität, Nervosität oder Appetitmangel zeigen, beraten Sie am besten mit der Erzieherin Ihres Kindes, ob es vielleicht doch sinnvoller wäre, den Kindergartenbeginn noch einmal zu verschieben. Begrüßt Sie Ihr Kind jedoch – trotz Tränen nach dem morgendlichen Abschied – beim Abholen freudig und erzählt es mit Begeisterung von seinen neuen Erlebnissen, war die Entscheidung sicher richtig.

Um während der Kindergartenzeit Ihres Kindes zu erfahren, wie es ihm geht, ob es Freunde findet, ob es sich wohl fühlt, ist es ratsam, stets einen guten Kontakt zu den Erzieherinnen zu halten. Diese können Ihnen sehr viel über Ihr Kind erzählen. Manchmal staunen Eltern darüber, dass Ihr Kind im Kindergarten ganz andere Seiten zeigt als zu Hause. So können sanfte kleine Mädchen plötzlich wild und wagemutig sein und Jungen mit Begeisterung Rollenspiele in

Spielen, Experimentieren und Gestalten: im sozialen Mittelalter macht alles doppelt so viel Spaß.

der Puppenecke spielen. Kinder erfahren ihr Von-zu-Hause-weg-Sein oft als Bereicherung ihrer Persönlichkeit und können ganz andere Wesenszüge erproben. Es ist jedoch meist so, dass die Kinder zu Hause wenig Konkretes berichten, und wenn, dann oft mit enormer Verspätung. So erzählen manche scheinbar aus heiterem Himmel mitten im Sommer von der »schönen Weihnachtsfeier im Kindergarten«. Deshalb gilt: Je besser Ihr Kontakt zum Kindergarten ist, desto besser für Ihr Kind. Gibt es z.B. innerhalb der Familie eine schwierige Phase wie Umzug, Trennung oder andere Sorgen und ist das Kind dadurch belastet, ist es für die Erzieherinnen hilfreich, ungefähr darüber Bescheid zu wissen. Sie können dadurch das Verhalten Ihres Kindes besser verstehen und es unterstützen.

Was es bedeutet, ein wichtiges Mitglied innerhalb einer Gemeinschaft mit Gleichaltrigen zu sein, und den sicheren Umgang mit Regeln erlernt Ihr Kind in der Kindergartenzeit.

Ordnungsstrukturen für ein soziales Miteinander

Die Zeit des Kindergartens ist, wie schon oben erwähnt, vor allem auch die Zeit des sozialen Lernens. Kinder lernen im Umgang mit anderen, eigene und fremde Interessen zu erkennen und miteinander abzuwägen. Gemeinschaftliche Handlungen wie Singen, Aufräumen, Kreisspiele fördern das Gemeinschaftsgefühl und geben dem Kind ein Gefühl des Eingebundenseins in eine Ordnung. Es gibt bestimmte Regeln, die für alle Kinder gelten und deren Einhaltung nach und nach eingeübt wird. Auch das gelegentliche Stillsitzen und Sich-auf-etwas-Konzentrieren wird durch regelmäßige Wiederholung geübt und begleitet die Entwicklung des Kindergartenkindes bis zur Schulreife.

Kinder müssen toben und spielen können

Darüber hinaus ist jedoch das Alter zwischen drei und sechs Jahren vor allem das Alter der Bewegung und weniger der geistigen oder intellektuellen Fähigkeiten. Aus diesem Grund sollten Kinder in diesem Alter stets ausreichend Möglichkeiten zur Bewegung, vor allem auch draußen, erhalten. Ob Toben, Rennen, Roller- oder

Radfahren, Ballspielen oder Klettern: je vielfältiger die Möglichkeiten, desto besser und gesünder für Ihr Kind. Es stärkt dadurch seinen Körperaufbau, entwickelt mehr Widerstandskraft gegen Infekte und ist ausgeglichen.
Dies ist die Zeit des eigentlichen Kindseins, bitte überfordern Sie Ihr Kind nicht mit Vorübungen für die Schule oder anderen Programmen zusätzlich zum Kindergarten, sondern ermöglichen Sie ihm möglichst viel freie Bewegungs- und Spielzeit mit anderen Kindern. Eine dergestalt frei erlebte Kindheit erfüllt auch noch Erwachsene in der Nachschau mit Glücksgefühlen.

Die Phantasiegestalten aus Märchen und Geschichten schaffen eine Brücke zwischen der Welt der Kinder und der der Erwachsenen. Sie helfen uns, unser Kind besser zu verstehen.

Von Feen und Zauberern: das magische Alter

Das Alter zwischen drei und sechs Jahren wird auch als »magisches Alter« bezeichnet. Nie wieder in ihrem Leben haben Kinder eine so ausgeprägte Phantasie und Vorstellungskraft wie in dieser Zeit.
Bezüge wie gestern, morgen, in einem Jahr oder auch räumliche Ordnungen wie Städte und Länder haben für Kinder in diesem Alter wenig Bedeutung. Sie leben in ihrer eigenen kleinen Welt, die geprägt wird durch ihre unmittelbare Umgebung und ihre Bezugspersonen und durch die Figuren in den Geschichten und Märchen, von denen sie gehört haben. Aus diesem Grund tauchen gerade in diesem Alter auch oft, besonders beim Einschlafen, scheinbar ganz irrationale Ängste vor Einbrechern, Gespenstern oder Drachen auf, die sich auch durch Einwände wie »Gespenster gibt es doch gar nicht!« nicht so leicht beseitigen lassen.
Eben weil unsere Kinder in dieser Zeit in einer Mischung aus wirklicher und Phantasiewelt leben, können wir Ihnen schlecht mit vernünftigen Argumenten begegnen. Besser wäre es vielleicht, sich in so einem Fall in die kindliche Gedankenwelt zu begeben und Ihrem Kind zu sagen: »Dein Teddybär wird dich ganz sicher beschützen.« Und nie wieder können Kinder so bedingungslos in ihre Traumwelt eintauchen und dadurch ihre Wünsche und Vorstellungen von der Welt und sich selbst weiterentwickeln.

Märchen helfen dabei, mit der Welt zurechtzukommen

Ins Vorschulalter gehört auch das gemeinsame Lesen von Märchen. Manche Eltern befürchten eine negative Wirkung der teilweise recht grausamen Geschichten aus unserem Volksgut: Sie machen Kindern Angst, bescheren ihnen böse Träume und grausame Phantasien. Doch keine Sorge. Der bedeutende östereichisch-amerikanische Kinderpsychologe Bruno Bettelheim betitelte nicht umsonst eines seiner wichtigsten Werke mit »Kinder brauchen Märchen«. Denn Märchen sind immer kindgerecht. Die Weltauffassung im Märchen ist kindlich, ihre Bilder entsprechen der Vorstellungswelt der Kleinen ebenso wie ihre einfache, deutliche und oft melodische Sprache. Märchen bieten den Kindern Möglichkeiten an, in der Welt besser zurechtzukommen, und helfen ihnen dabei, unbewusste Konflikte zu lösen. Die gleiche Funktion haben im übrigen auch das Malen und Spielen in diesem Alter.

Märchen und ihre Phantasiegestalten ermöglichen den Kindern, Gefühle, die sie noch nicht in Worte fassen können, zu verarbeiten.

Schlimme Träume, schöne Träume

Kinder im Vorschulalter träumen sehr heftig. Manchen machen während ihrer verschiedenen Entwicklungsphasen auch Alpträume und Angstattacken, die sie im Schlaf überfallen, sehr zu schaffen. Schließlich halten Kinder in diesem Alter nicht selten das, was sie nachts erleben oder erleiden, für wahr. Umso schlimmer, als sich dies im Schutz ihres Kinderzimmers abspielt und sie sich hilflos ausgeliefert fühlen. Viel Verständnis und Trost ist in dieser Zeit vonnöten. Helfen können wir den kleinen Träumern, indem wir sie erzählen lassen und – in aller Ruhe – warten, bis sie wieder eingeschlafen sind. Versichern Sie Ihrem Kind auch, dass Sie in der Nacht noch einmal nach ihm sehen, oder lassen Sie diese Aufgabe vom »guten Mond« übernehmen oder von einem Engel oder einer anderen dem Kind liebenswert erscheinenden Gestalt. Beruhigend kann auch ein bekanntes Einschlaflied oder -märchen wirken.

Fast alle Kinder freuen sich auf die Schule. Ihre umfassende Neugierde und ihr großer Tatendrang sollten möglichst lange erhalten bleiben.

Der Weg hinaus: Schule, Freunde und Freiheit

Mit dem Eintritt ins Schulkindalter beginnt ein neuer, wichtiger Abschnitt im Leben Ihres Kindes, der sich auf die ganze Familie auswirkt. Mit dem Erlangen der so genannten Schulreife hat Ihr Kind nicht nur die Fähigkeit erworben, in einer größeren sozialen Gruppe zu lernen, sondern es wird sich auch wieder ein Stückchen von seiner sicheren familiären Basis lösen und eigene Interessen und Freunde entdecken.

Der Kreis der Bezugspersonen erweitert sich

Eine neue Bezugsperson, Lehrer oder Lehrerin, wird zu einem weiteren wichtigen Menschen im Leben Ihres Kindes und erhält als Vorbild und Richtungsgeber eine der elterlichen Rolle vergleichbare Bedeutung. Es kann durchaus vorkommen, dass Ihr Kind Ihnen gelegentlich mit der Äußerung widerspricht: »Meine Lehrerin hat uns aber gesagt ...«. Bitte nehmen Sie das nicht persönlich, freuen Sie sich lieber darüber, dass Ihr Kind seine Lehrerin offenbar akzeptiert und offensichtlich auch mag. In den ersten Schuljahren lernen Kinder vor allem aus der Motivation heraus, ihre Aufgaben für die Lehrerin oder den Lehrer gut machen zu wollen, um gelobt und anerkannt zu werden.

Kein Kind kommt mit allen Lehrern gleich gut aus. Wir wissen aber aus unserer eigenen Schulzeit, wie motivierend und beflügelnd eine vertrauensvolle Beziehung zum Lehrer sein kann.

Wachsende Leistungsansprüche

Viele Schwierigkeiten, von denen Eltern mit Kindern im Grundschulalter berichten, drehen sich darum, dass Mütter und Väter sich erfolgreiche Schulkinder wünschen, mit guten Zensuren und ausgeprägter Konkurrenzfähigkeit. Die wachsenden Leistungsansprüche an die Erwachsenen werden so nahtlos auf die Kleinen übertragen. Aus diesem Grunde werden sie nicht selten schon ab der ersten oder zweiten Klasse angehalten, fleißig und aufmerksam zu sein und zu Hause den Unterrichtsstoff entsprechend zu wiederholen oder zu üben.

Demgegenüber stehen oft Schwierigkeiten der Kinder, diesem Anspruch gerecht zu werden. Viele Kinder zeigen schon im Alter von sechs bis zehn Jahren Zeichen von Überforderung in Form von Kopf- oder Bauchschmerzen, Müdigkeit, Mattigkeit oder Lustlosigkeit. Wenn man bedenkt, wie interessiert und neugierig Kinder in diesem Alter im Grunde genommen sind, wie begierig sie darauf sind, Lesen und Schreiben zu lernen, mit wie viel Eifer sie bei Dingen sind, die sie interessieren, stimmt dies traurig.

Vergleichen Sie Ihr Kind nicht mit anderen. Erfolg in der Schule bedeutet nicht zwingend Erfolg im Leben. Zeigen Sie Ihrem Kind, dass Schule wichtig, aber nicht alles ist.

Zufriedene Schulkinder sind selbstbewusste Kinder

Sicherlich wird heute im Gegensatz zu unserer eigenen Schulzeit mehr von den Kindern erwartet. Das Lern- und Arbeitstempo hat sich gesteigert, und die spätere Konkurrenz um Ausbildungs- und Studienplätze ist groß. Dennoch können Sie Ihr Kind auf sein späteres Leben besser vorbereiten, wenn Sie ihm nicht nur die Wichtigkeit von Leistung und Wissen vermitteln, sondern ihm helfen, seine Fähigkeiten zu erkennen und sich selbst als vielseitigen Menschen wahrzunehmen. Jedes Kind hat seine Talente und Schwächen – und sollte sie als solche einschätzen können.

Übertriebene Erwartungen in Bereichen, in denen sich Ihr Kind schwer tut, werden es eher hemmen als fördern; umgekehrt können Lob und Unterstützung für seine starken Seiten ein Kind ungeheuer motivieren und beflügeln. Hat Ihr Kind eine schlechte Note in Mathematik, können Sie mit ihm die Arbeit noch einmal durchgehen und überlegen, wo die Schwierigkeiten lagen. Sie sollten die Sache jedoch auf keinen Fall überbewerten oder dramatisieren, geschweige denn mit Strafe reagieren, denn das verunsichert Ihr Kind nur unnötig.

Indem Sie Ihr Kind auch in diesem Bereich möglichst frühzeitig zu selbstständigem und selbst-bewusstem Verhalten motivieren, ohne mit eigenen hohen Ansprüchen dahinter zu stehen, lernt es, für sich selbst zu lernen. Wichtig ist vor allem, dass Ihr Kind seine besonderen Stärken kennt und so mit der Zeit herausfinden kann, wo seine Neigungen und Begabungen auch im Hinblick auf ein späteres Berufsziel liegen. Auf dieses Thema werden wir auch im folgenden Abschnitt über Pubertät und Jugend noch einmal näher eingehen.

Ihr Kind löst sich allmählich aus der Familie und wendet sich immer mehr Gleichaltrigen zu. Es erfordert viel Selbstbewusstsein und Kraft, dieses neue Terrain zu beschreiten.

Der beste Freund, die beste Freundin

Darüber hinaus sind für Ihr Kind in der Grundschulzeit noch ganz andere Themen als das Lernen von Bedeutung, und es wäre wichtig, darauf zu achten, dass neben den Hausaufgaben wirklich genügend Zeit dafür bleibt. An erster Stelle steht wohl das Thema Freundschaften mit anderen Kindern: einen Platz in der Klasse zu finden, anerkannt zu werden in einer Gruppe, sei es in der Schule oder einem Verein. Kinder lernen in dieser Zeit sehr viel über sich in Beziehung zu anderen Kindern und wie man einen Freund oder

Einer, viele, alle. Einen Platz gefunden zu haben unter seinesgleichen, erfüllt ein Kinderherz mit großer Freude.

eine Freundin findet. Nicht zuletzt müssen sie auch ab und zu mit einer Enttäuschung fertig werden, wenn die beste Freundin plötzlich keine mehr sein will oder andere das Kind einmal nicht mitspielen lassen wollen.

Nicht im Lehrplan, dennoch bedeutsam: soziales Lernen

Auch hier ist es wichtig, Ihrem Kind verständnisvoll zuzuhören, wenn es Ihnen über ein zwischenmenschliches Problem erzählt, jedoch sollten Sie nicht unbedingt werten oder eingreifen. Zeigen Sie Ihr Verständnis, aber signalisieren Sie Ihrem Kind: »Ich glaube, du wirst diese Schwierigkeiten meistern.« Oft ändern sich solche Situationen sehr schnell wieder. Wirkt Ihr Kind jedoch über eine längere Zeit niedergeschlagen, sollten Sie vielleicht einmal die Lehrerin oder den Lehrer auf die Situation Ihres Kindes in der Klasse ansprechen. Vor allem das soziale Lernen sollte in den ersten Schuljahren ebenso wichtig sein wie der eigentliche Unterricht, denn die Fähigkeit, Freundschaften zu schließen, Konflikte durchzustehen und sozial zu handeln, bedeutet eine Errungenschaft für das ganze Leben Ihres Kindes und trägt entscheidend dazu bei, ob es zu einer ausgeglichenen und stabilen Persönlichkeit heranwächst.

Wer passt zu mir? Enge und gute Freundschaften zu schließen, ist der Wunsch jedes Kindes. Unterstützen Sie den Kontakt mit anderen Kindern.

Miteinander heißt auch füreinander

Vor allem für Einzelkinder sind diese Kontakte mit Gleichaltrigen ein wichtiges Übungsfeld, das Kinder mit Geschwistern zum Teil bereits in der Familie vorfinden. Aber auch zu Hause können Sie das soziale Lernen Ihres Kindes fördern, indem Sie ihm beispielsweise kleine Aufgaben im Haushalt übertragen. Am besten sollten dies fest vereinbarte Tätigkeiten sein, die das immer noch sehr starke Bedürfnis von Kindern nach Rhythmus und Halt befriedigen und ihnen außerdem das Gefühl geben, gebraucht zu werden und ihren Teil zur Gemeinschaft beizutragen.

Das kann z. B. sein: den Tisch decken, den Müll hinunterbringen, kleine Botengänge oder Einkäufe erledigen. Loben Sie Ihr Kind, und zeigen Sie, wie zufrieden Sie mit seiner Hilfe sind. Aber übertreiben Sie nicht, denn etwas Mitarbeit beim Unternehmen Familie sollte für jedes Mitglied selbstverständlich sein.

Gesprächspartner mit Witz und Verstand

Jugendliche sehen die Welt häufig mit großer Klarheit und messerscharfem Verstand: Diskussionen mit ihnen bringen unsere Gehirnzellen – und unsere Gefühlswelt – wieder in Schwung.

Die Zeit, in der Ihre Kinder zwischen sechs und zwölf Jahre alt sind, kann sehr spannend und anregend sein. In Diskussionen zeigen sie sich jetzt oft sehr intelligent, schlagfertig und hellwach. Sie sind in der Lage, Konsequenzen und Regeln einzusehen und zu akzeptieren. Je klarer diese Regeln sind und je deutlicher Ihre Botschaften an die Kinder formuliert werden, desto besser können sie diese annehmen. Im Gegenzug ist es genauso wichtig, Ihr Kind anzuhören und ihm die Möglichkeit zu geben, seine Ansicht zu einem (Streit)thema zu formulieren.

Ein wichtiges Bindeglied zwischen Eltern und Kindern in diesem Alter sind gemeinsame Unternehmungen. Kinder sind interessiert und tatendurstig, und es macht Spaß, mit ihnen Rad zu fahren, Ausflüge zu machen, zu zelten oder einfach Fußball zu spielen. Werden Ziele und einzelne Vorstellungen vorher gemeinschaftlich besprochen, haben alle ihr Vergnügen dabei.

Pubertät – wenn Eltern lästig werden

Sie merken, dass Ihr Kind immer öfter lustlos und maulend auf Vorschläge zu gemeinsamen Unternehmungen reagiert, vielleicht, um mehr mit Freunden unterwegs zu sein? Sie haben den Eindruck, dass es sich Ihnen gegenüber verschließt, oder geraten immer wieder in heftige Auseinandersetzungen? Der nüchterne Begriff »Vorpubertät«, der bei Kindern im Alter ab etwa zehn Jahren Entwicklungen ahnen lässt, die sich in den darauf folgenden Jahren noch verstärken, wird der Dramatik dieser Phase kaum gerecht.

Herausforderungen für den Familienfrieden

Viele Eltern erleben die Jugendjahre ihrer Kinder als aufregend und spannungsgeladen, und es fällt ihnen schwer, mit den Veränderungen entspannt umzugehen. Umgekehrt gibt es auch für Kinder keine Zeit im Leben, die als ähnlich schwierig und nicht selten schmerzvoll empfunden wird, als die Zeit der Geschlechtsreife und des Erwachsenwerdens.
Jetzt beginnen sie sich immer mehr von den Eltern, deren Vorstellungen und Zielen zu lösen. Wieder einmal erleben sich die Kinder sehr stark als eigene Persönlichkeit, beginnen bisherige Werte zu hinterfragen, vertreten andere Ansichten und Meinungen. Doch nicht nur der Verstand wächst und übt sich in der Auseinandersetzung und im Zweifeln. Auch das Gefühlsleben scheint übermächtig zu werden und viele Handlungen und Entscheidungen zu bestimmen. Als Vertraute wird der Clique, der Gang oder der allerbesten Freundin in der Regel der Vorzug vor Mutter und Vater gegeben.

Die Zoffklassiker mit dem jugendlichen Nachwuchs: Dauertelefonate, Badezimmerbelegung, die Lautstärke der Musik, Ausgehzeiten...

Die eigene Identität wird überprüft

Diese äußeren Anzeichen des starken eigenen Willens und der Drang nach Autonomie sind jedoch nur Ausdruck für geistig-seelische und vor allem körperliche Entwicklungsprozesse. In der chinesischen Philosophie heißt es, ein Jugendlicher befindet sich im Feuerelement. Neugierde, die Ausbildung seiner intellektuellen Fähigkeiten, die Festigung der eigenen Identität sowie erste sexuelle Erlebnisse prägen diese höchst spannende Zeit.
Auf dem Weg zum Erwachsenwerden setzt sich Ihr Kind mit wichtigen Fragen auseinander:

- Wer bin ich?
- Was will ich in meinem Leben?
- Wo liegen meine Fähigkeiten und Begabungen?
- Wozu habe ich Lust, was lehne ich ab?
- Was will ich anders machen als meine Eltern?

Loslassen und Halt geben

Jugendliche experimentieren mit ihrer Identität und suchen einen eigenen Weg. Sie wollen neue Ideen verwirklichen und hinterfragen dabei auch meist Gewohntes aus dem Elternhaus.

Wenn Ihr Kind sich so hin- und hergrissen verhält, sollten Sie wissen: Sie haben nichts falsch gemacht, und das Verhalten Ihres Kindes ist vollkommen normal. Akzeptieren Sie, dass Sie es in manchen Dingen nicht mehr verstehen. Aber geben Sie auch in dieser Zeit die Verantwortung innerlich nicht ab. Denn dies ist das ungeahnt Schwierige und Paradoxe an dieser Situation, als Eltern nach wie vor Verantwortung zu übernehmen und präsent zu sein und trotzdem zu akzeptieren, dass Ihr Kind seinen eigenen Weg geht. Versuchen Sie sich einzufühlen, ohne die von ihm gewünschte Distanz zu durchbrechen. Respektieren Sie seinen Willen, tolerieren Sie ihn jedoch nur so weit, wie es Ihr Familienleben verträgt.

Ein fairer Gesprächspartner bleiben

Versuchen Sie möglichst oft ins Gespräch zu kommen, auch einmal nachzufragen – ohne das Gehörte in irgendeiner Form zu bewerten. In der Diskussion lernen Kinder herauszufinden und vor allem zu formulieren, was sie wollen, denken und fühlen. Da dies nicht selten im Gegensatz zu unseren Vorstellungen steht, kann es natürlich auch Meinungsverschiedenheiten geben. Sie müssen ausdiskutiert und manchmal auch ausgestritten werden.

Standhaftigkeit ist gefragt

Ein glücklicher Pubertierender ist ein Paradoxon. Das Sich-Loslösen von der Familie und das Sich-auf-die-eigenen-Beine-Stellen geht selten harmonisch vonstatten. Gerade deshalb ist es in dieser Zeit sehr wichtig, einen klaren familiären Rahmen vorzugeben, in dem die Kinder sich bewegen können. Das ist auch dann bedeutsam, wenn sie unglücklich und wütend über bestimmte Einschränkungen sind. Beide Seiten, Eltern wie Kinder, müssen jedoch diese Auseinandersetzungen aushalten und üben können.

Nicht Fisch, nicht Fleisch

Die erwachende Sexualität gehört zu den beherrschenden Themen dieser Reifephase. Der Körper verliert das Kindhafte und gewinnt die Attribute von Mann oder Frau. Die Ausprägung der sekundären Geschlechtsmerkmale wie die Entwicklung der weiblichen Brust oder der Schambehaarung stürzt ebenso in Verwirrung wie Stimmbruch, erste Ejakulation oder Menstruation. Die damit verbundenen Ängste können Heranwachsende nur schwer ausdrücken oder mitteilen. Zu radikal ist die körperliche Entwicklung. Schon durch die hormonelle Veränderung wird ein Aufruhr der Gefühle ausgelöst wie noch nie vorher im Leben. Gleichzeitig wachsen Sensibilität, Verletzbarkeit und die Sehnsucht nach einem Partner.

In seiner »Sturm-und-Drang-Phase« wird Ihr Kind so manche Entscheidung treffen, die Sie vielleicht schwer mittragen können. Stehen Sie ihm trotzdem bei.

Bilden Sie eine feste Ausgangsbasis

Das Gefühlschaos will kompensiert werden, das heißt, nach außen zeigen Jugendliche dann genau das Gegenteil von dem, was sie eigentlich fühlen. Sie geben sich cool, unnahbar und überlegen. Manche neigen zu Aggressionen, auch die Hinwendung zu Rauschmitteln und Drogen ist eine Kompensation dieser Verunsicherung. Im Alter zwischen 16 und 18 Jahren wird immer öfter der Punkt erreicht sein, an dem die Verantwortung für ihr Handeln ganz bei unseren Kindern selbst liegt. Wir können ihnen nur unser Vertrauen geben für das, was sie tun. Stehen Sie zu Ihrem Kind, und akzeptieren Sie diese Zeit der Reife als Zeit möglicher, ungeahnter Probleme, die Sie gemeinsam meistern können. Erst wenn ein Loslösungsprozess überstanden ist, kann auch wieder eine Annäherung möglich sein. Es mag manchen Eltern zu schaffen machen, doch können Sie (vor allem) in diesem Alter nicht die Freunde Ihrer Kinder sein. Sie müssen Mutter und Vater bleiben, um Ihrem Kind Verlässlichkeit zu schenken. Die Qualität Ihrer Beziehung zueinander wird sich verändern. Es liegt – auch – in Ihrer Hand, wie glückhaft dieser Prozess verläuft.

Neben den Eltern sind auch Geschwister wichtige Bezugspersonen für unser ganzes Leben. Mit ihnen erleben wir die Bandbreite aller Gefühle von Liebe bis Hass.

Glückliche Kinder – was sie wirklich brauchen

Unglückliche Kinder gibt es viele. Dazu gehören neben den Traurigen, Eingeschüchterten und Gedemütigten auch die Gelangweilten, die Überforderten, die Aggressiven, die Einzelgänger, die Herrschsüchtigen und die psychosomatisch erkrankten Kinder. Beschäftigt man sich mit ihren Familiengeschichten, finden sich bestimmte Merkmale, die dafür verantwortlich zu sein scheinen, dass die Entwicklung der Kinder in eine falsche Richtung gelaufen ist.
Wir haben schon gesehen, dass die Familie der wichtigste Orientierungspunkt im Leben eines Kindes ist, um sich seelisch und sozial gut entwickeln zu können. Wir Eltern können den familiären Rahmen so gestalten, dass er tatsächlich zu einem Sicherheitsnetz werden kann, ohne das Kind in der Entwicklung seiner Phantasie und des spielerischen Lernens zu beschneiden. Wir können Strukturen geben, in denen das Kind ein Miteinander erlernt, und wir können das Nest sein, in das auch der rebellische Pubertierende zurückkehren kann, wenn er möchte.

Beobachten Sie sich und Ihr Kind

Kinder brauchen gesunde und glückliche Eltern. Das klingt zynisch? Lesen Sie die folgenden Seiten; vieles, was Ihren Kindern helfen soll, wird auch Ihr Leben bereichern.

Schon durch die Lektüre der vorangegangenen Kapitel ist sicher ein Prozess in Gang gesetzt worden: Sie fangen an, sich und Ihr Kind genauer zu beobachten – wenn Ihnen nicht schon vorher bewusst war, wie wichtig Sie tatsächlich für Ihr Kind sind, auch wenn Sie gelegentlich den Eindruck haben, es wüsste das gar nicht zu schätzen. Dann ist es uns hoffentlich bis hierhin gelungen, Sie davon zu überzeugen, dass Sie die am meisten geliebte Person im Leben Ihres Kindes sind und dass es sich in allem, was es denkt und tut, nach Ihnen richtet. Das gilt auch dann, wenn in Ihrer Beziehung in der letzten Zeit nicht alles zum Besten steht oder Ihnen die Erziehung und der Familienalltag über den Kopf wachsen. Vielleicht ist Ihnen auch schon die eine oder andere Verhaltensweise Ihres Sprösslings klar geworden, und es ist Ihnen gelungen, sich ein wenig in seine eigentümliche Logik einzufühlen und einzudenken.

Erziehung muss nicht immer ein Kraftakt sein. Sie kann sich zu einem Zusammenspiel entwickeln, das für beide Seiten bereichernd ist.

Aus der eigenen Kindheit lernen

Jeder von uns hat das Zeug dazu, ein guter Vater und eine gute Mutter zu sein. Zum Teil ist uns das sogar angeboren, wie die Verhaltensforschung bewiesen hat. Allerdings gehört es auch zu den Eigenheiten des menschlichen Geschlechts, durch den Einsatz seines Verstandes seiner ursprünglichen Natur entgegenzuwirken. Wir müssen also häufig erst wieder lernen, uns auf unsere Instinkte zu verlassen. Und wir müssen verstehen üben, warum wir uns manchmal unwirsch oder aggressiv den schwächsten Familienmitgliedern gegenüber verhalten – und zu welchem Zeitpunkt in unserem Leben wir diese Verhaltensweisen erlernt haben. Dabei können uns unser Verstand und unsere Ehrlichkeit uns selbst gegenüber wertvolle Dienste leisten. Meist führen einen diese Überlegungen in die eigene Kindheit zurück.

Sich selbst annehmen

»Kinder, die gedemütigt wurden, demütigen als Erwachsene ihre eigenen Kinder.« Dieser Satz stimmt und ist doch nicht richtig. Schließlich haben wir alle die Möglichkeit, uns zu verändern. Dazu ist es auch wichtig, Mitgefühl und Verständnis für sich selbst zu entwickeln, sich und anderen zu verzeihen, um selbst im Leben die Chance zu haben, weiterzukommen. In dem Moment, in dem Sie sich so annehmen können, wie Sie sind, können Sie auch angemessen auf Ihr Kind eingehen und es so lieben, wie es ist. Wir werden in einem späteren Kapitel noch einmal darauf eingehen, wie wir uns selbst positiv beeinflussen können.

Vielleicht ist Ihnen schon schmerzhaft bewusst geworden, dass Böses ebenso Böses nach sich zieht. Vielleicht mussten Sie selbst erfahren, wie Sie durch eigenes Gedemütigtwerden später selbst zum Demütiger wurden. Aber seien Sie sich einer Sache ganz sicher: Diesen Prozess können Sie von einem Tag auf den anderen Tag beenden. Es kostet keine Kraft, sondern ist eine einzige Entscheidung, eine Entscheidung für das Gute. Vom Guten kommt Gutes. Von Ruhe kommt Ruhe. Von Freundlichkeit und Ehrlichkeit kommen Freundlichkeit und Ehrlichkeit. Respektiere ich andere, wird mir auch Respekt entgegengebracht.

Im Gegensatz zum väterlichen Prinzip, das den Verstand und die Strukturgebung betont, besteht der mütterliche Grundsatz aus Liebe, Wärme, Intuition und Mitgefühl.

Aufmerksamkeit und Geborgenheit

Bleiben wir einmal bei diesen Sätzen, die Sie sich am besten jeden Tag vor dem Aufstehen sagen, beim Zähneputzen wiederholen und an die Sie beim Einschlafen noch einmal denken sollten. Sie sind einfach, banal vielleicht. Aber sie haben eine unglaubliche Kraft und Wirksamkeit. Das Leben an sich und unser Alltag mögen kompliziert und vielschichtig sein. Die Grundwerte, von denen hier die Rede ist, sind einfach. Das heißt keineswegs, dass sie ebenso leicht umzusetzen oder zu erreichen wären. Wir sollten Sie vielmehr immer in unserem Hinterkopf behalten, so dass sie zu einer Art Leitbild werden, das unser Verhalten und unseren Umgang mit anderen, mit unserem Partner, unseren Kindern nachhaltig beeinflusst.

Regel 1: Das richtige Maß finden

Fürsorge, Zärtlichkeit und Nahrung sollten wir unserem Kind dann geben, wenn es auch wirklich Verlangen danach hat. Schließlich ist das Ziel aller kindlichen Handlungen die Entwicklung von Selbstvertrauen und Selbstständigkeit. Erhält es zu viel oder zu wenig Unterstützung, so scheitert es oft bei der Erreichung seines Zieles. Zuwendung darf also weder vorenthalten noch sollte sie ständig angeboten werden.

Väterliche Fürsorge

Glückliche Kinder lieben und hängen an den Menschen, die sie von klein auf betreuen und umsorgen. Dabei entwickeln sie eine eindeutige Zuneigungshierarchie, die jedoch mit den Entwicklungsphasen des Kindes wechselt. Ist die Mutter im ersten Jahr Bezugsperson Nummer eins, so wird die Bedeutung des Vaters mit zunehmendem Alter immer größer. Besonders Jungen brauchen und genießen das Zusammensein mit ihren Vätern, sei es nun der leibliche Papa oder ein zuverlässig empfundener »Vaterersatz«. Letzteres ist besonders für allein erziehende Mütter ein Thema, denen bei Auseinandersetzungen oder Erziehungsfragen keiner den Rücken stärkt. Doch auch ein neuer Lebensgefährte kann ebenso wie ein »Leihopa« die Vaterrolle ausfüllen, wenn er das gerne möchte.
Beobachtungen von Kinderpsychologen haben darüber hinaus gezeigt, dass sich Kinder in der Regel selbst so genannte Nebeneltern suchen, falls die eigenen zu wenig Zeit haben, sich zu wenig Zeit nehmen oder wenn ein Elternteil fehlt. Dies kann im Zweifelsfall allerdings auch ein Versuch sein, sich von den eigenen Eltern zu lösen, wenn die Abhängigkeit von ihnen als belastend erlebt wird.

Aufmerksame und engagierte Kinderbetreuung kostet viel Energie. Vätern nehmen sich heute glücklicherweise mehr Zeit, die Mütter wirklich zu entlasten und für die Kinder da zu sein.

Papa ist nie da …

Den meisten Vätern wird von überforderten Müttern nachgesagt, sie glänzten in der Betreuung ihrer Kinder vor allem durch Abwesenheit. Oder sie seien allenfalls dazu da, nach einem Streit Machtworte zu sprechen und die Verhältnisse in der Familie wieder in die richtige Ordnung zu rücken. Väter sind außerdem in der Regel dazu da, um die Familie zu versorgen. Das ist auch gut so und wichtig. Schließlich gehört zu einer glücklichen Kindheit auch, dass es der Familie nicht am Notwendigen mangelt und sie materiell zufrieden gestellt ist. Die Familie versorgen bedeutet jedoch in unserer Gesellschaft, diese zu verlassen, um regelmäßig an einem anderen Ort seiner Arbeit nachzugehen.

Väter – heute wichtiger denn je

Eltern sollten versuchen, in der Erziehung ihrer Kinder an einem Strang zu ziehen. Nehmen Sie sich die Zeit, immer wieder gemeinsame Einstellungen zu überprüfen und zu besprechen.

Das war nicht zu allen Zeiten so. Schließlich gab es in ferner Vergangenheit das Prinzip Großfamilie, indem sich eine ganze Reihe von Erwachsenen, Mütter, Väter, Tanten, Onkel und die Großeltern, sowohl die Versorgung der Familie als auch die Betreuung der Kinder teilten. Praktischerweise hatten die größeren Kinder in ihren Cousins und Cousinen sowie den Nachbarskindern auch immer eine Spielgruppe parat, in der sie ohne Aufsicht der Erwachsenen toben und sich ausprobieren konnten.
Heute haben wir das Modell Klein- und Kleinstfamilie. Das hängt mit der Mobilität vieler Berufstätiger zusammen und damit, dass eine Ehe heute nicht mehr bis zu einem möglichen bitteren Ende durchgehalten werden muss, um die Versorgung von Frau und Kindern zu gewährleisten. Denn immer mehr Frauen haben heute einen Beruf, mit dem sie auch nach einer Trennung für sich und zumindest teilweise für die Kinder sorgen können. Für Kleinfamilien und Alleinerziehende bedeutet Familienleben daher eine auf sehr wenige Personen verteilte Aufgabe. In einer Durchschnittsfamilie aus Vater, Mutter und Kind sollten sich die beiden Erwachsenen diese Aufgabe bestmöglich aufteilen.

Die Sehnsucht nach Ganzheit

Kinder lieben ganze Sachen, dazu gehört auch eine komplette Familie. Dass dieses Modell heute variabel ist, spielt dabei keine Rolle. Für ein Kind ist vor allem wichtig, dass der familiäre Rahmen verlässlich ist und Geborgenheit verspricht. Den kann ein Leihopa oder eine Leihoma, die die allein erziehende Mutter als ständige Betreuung engagiert, ebenso geben wie ein engagierter »neuer« Papa. Erziehungswissenschaftler bestätigen, wie wichtig die Ergänzung der Mutter in der Erziehung durch das väterliche Prinzip ist. Es vertritt die Aspekte Ordnung und Struktur. Das hat nichts mit Macht und Zwang zu tun, sondern ebenfalls mit Aufmerksamkeit und Respekt voreinander und im Umgang miteinander. Etwas weniger sachlich ausgedrückt bedeutet das auch: Der Vater ist anders als die Mutter und ergänzt ihr Wesen.

In anderen Gesellschaften werden die Kinder sehr früh von den Eltern getrennt. Sie entwickeln ein anderes Bezugssystem. Trotzdem bleiben die Eltern die wichtigsten Menschen.

Krippenkinder, Hortkinder – wie glücklich macht Fremdbetreuung?

Nicht wenige Eltern, die berufsbedingt oder aus anderen Gründen die tägliche Versorgung ihres Babys oder ihres Kindes in die Hände von ErzieherInnen oder einer Kinderfrau legen, sind verunsichert, ob Sie dabei das Richtige tun. Manche Mütter und Väter haben ein notorisch schlechtes Gewissen, ihr Kind käme, was die elterliche Geborgenheit anbelangt, zu kurz.

Wer vor der Entscheidung steht, sein Kind ganztags durch andere Bezugspersonen versorgen zu lassen, tut nichts Schlechtes und ist keine Rabenmutter und kein Rabenvater. In dieser Beziehung gilt wie so oft: Nicht die Quantität ist wesentlich, sondern die Qualität. Auch wenn Eltern nur wenig Zeit für die Kinder haben, können sie durch intensive gemeinsame Nutzung der verfügbaren Zeit den

Der Hort als Abstellort: Das alte Bild von der Kinderaufbewahrungsstätte ist längst passee. Heute sind Kindergrippe und -hort in der Regel Orte zum sich Wohlfühlen und eine gute Ergänzung zum Elternhaus.

möglicherweise entstehenden Frust auffangen. Eine Mutter beispielsweise, die zwar immer zu Hause ist, aber unzufrieden mit ihrer Rolle als Hausfrau und Mutter, weil sie viel lieber ihren Beruf ausüben möchte, kann unter Umständen mehr Schaden anrichten als eine berufstätige. Die mag zwar durch die Doppelbelastung gestresst sein, ist aber insgesamt doch zufriedener und ausgeglichener.

Ein Vater kann sein Kind so einfach glücklich machen: Bei ihm sein, an seinen Freuden und Sorgen Anteil nehmen, gemeinsam etwas unternehmen und miteinander sprechen.

Wenn der Vater mit dem Sohne ...

... oder seiner Tochter trotz sportlicher Freizeit regelmäßig gemeinsame Unternehmungen plant, kann er seine Kinder damit sehr glücklich machen. Vor allem, wenn er beruflich sehr eingespannt ist, sollte er feste freie Stunden oder das Wochenende für die Kleinen einplanen. Er sollte Bescheid wissen, wie es seinem Kind geht, wie sein Tag war, was es erlebt hat und ernsthaft Anteil daran nehmen. Oft wird der Vater auch als unentbehrlicher Ratgeber geschätzt.

Wenn Väter die Chance erkennen, die sie im Zusammensein mit ihren Kindern haben können, werden sie nicht nur mehr erleben und die eigene Persönlichkeit um wertvolle und liebenswürdige Charaktereigenschaften ergänzen. Sie werden zu den Helden ihrer Kinder, die mit ihnen gemeinsam ein Baumhaus bauen, Reifen wechseln, Schlitten fahren, das Altpapier gemeinsam zum Container bringen, erklären, wie ein Blitzableiter funktioniert, oder an Regentagen »Mensch-ärgere-dich-nicht« spielen.

Regel 2: Väter sollen Anteil nehmen

Je aufmerksamer ein Vater sich seinem Kind widmet, desto mehr kann er es auch positiv beeinflussen! Die beste gemeinsame Vater-Kind-Zeit ist immer die, die für das Kind angenehm ist. Lassen Sie sich dazu auf das Tempo und die Ideen Ihres Kindes ein. Sie werden erstaunt sein, was Sie dabei alles lernen können. Zeit, die man mit seinem Kind verbringt, ist erfüllte Zeit und nie verschwendet.

Einige Tipps am Rande

Neben Arbeit und Kind ist es auch die Aufgabe vieler Väter, in ihrer Freizeit für die Instandhaltung von Wohnung oder Haus zu sorgen. Oft nutzen Väter diese Gelegenheit für gemeinsame Unternehmungen mit den Kindern, was gerade bei den Jungen sehr gut ankommt. Die Kinder sind stolz darauf, bei schwierigen Erwachsenenarbeiten ins Vertrauen gezogen zu werden. Bedenken Sie jedoch bei allem guten Willen, den Sie und Ihr Kind dabei zeigen, dass Ihr Sprössling Ihnen weniger als hilfreicher Geselle zur Seite steht, sondern eher als experimentierfreudiger, aber gelehriger Azubi. Für das Kind ist nicht wichtig, ob Sie die Reparatur der Waschmaschine erfolgreich abschließen, sondern ob die Zeit mit Ihnen Spaß macht: z. B., wenn es dabei in aller Ruhe die Geheimnisse von Schläuchen, Rohrzangen und Schraubenziehern ergründen kann.

Zuhören und miteinander sprechen

Wir leben im Zeitalter der unbegrenzten Kommunikationsmöglichkeiten, tauschen Informationen über große Entfernungen aus, können uns mit weit enfernt wohnenden Freunden per Telefon oder E-mail verständigen. Diese an und für sich positive Möglichkeit, Arbeitsprozesse zu beschleunigen oder private Beziehungen zu pflegen, birgt jedoch auch das große Risiko der Entfremdung.
Warum diese Gefahr auch unsere Kinder betrifft, ist leicht nachvollziehbar. Unser Nachwuchs lernt durch uns die Welt kennen. Diese ist in den letzten Jahren immer komplexer geworden. Allein die Geschwindigkeit, die viele Vorgänge unseres Lebens, beispielsweise die Kommunikation, steuert, hat sich x-mal vervielfacht. Oft kommen Eltern nur noch dazu, mit ihren Kindern zwischen Mittagessen und Hausaufgaben den Rest des Nachmittags zu besprechen, an dem noch ein Termin in der Musikschule oder im Fußballverein ansteht. Das Miteinander-Sprechen oder Sich-Austauschen kommt viel zu kurz.

Das Miteinander-Sprechen oder Sich-Austauschen kommt in vielen Familien viel zu kurz: Zu sehr sind alle in ihren Zeitplänen eingespannt.

Spracherwerb, wichtig für die Verstandesentwicklung …

Dabei ist Redezeit für die Entwicklung des Kindes sehr bedeutsam. Je besser ein Kind lernt, sich verbal auszudrücken, desto deutlicher kann es sich mitteilen und für sich selbst sprechen. Das hat weniger mit Intelligenz zu tun als mit Selbstbewusstsein. Auf dem Weg zur Selbstständigkeit ist die Fähigkeit, miteinander zu kommunizieren, ein wichtiger Meilenstein.
Die meisten Eltern sind sich dessen intuitiv bewusst. Sie unterhalten sich gerne mit ihren Kindern und erklären ihnen vieles. Und diese verstehen schon von klein auf eine ganze Menge, viel mehr, als sie selbst ausdrücken können.

Ein Kind lernt auch schwierige grammatikalische Strukturen durch das sprachliche Vorbild. Ein Gespräch mit ihm muss sich nicht auf Zwei- oder Dreiwortsätze beschränken.

Miteinander reden will gelernt sein

Bis Ihr Kind das Schulkindalter erreicht hat, beherrscht es bereits einen beachtlichen Wortschatz und kann schwierige und sogar abstrakte Vorgänge in Ansätzen sprachlich darstellen. Die Technik des Sprechens und körpersprachliche Signale hat es gelernt. Damit ist es in der Lage, seinem Bedürfnis nach sozialer Zugehörigkeit nachzugehen und sich mit anderen Menschen, die ihm wichtig sind, auszutauschen. Das Kind beherrscht bis zu diesem Zeitpunkt aber nicht nur den Akt des Sprechens. Es besitzt auch bereits die Fähigkeit zum kommunikativen Miteinander, und das bedeutet weit mehr als nur den Austausch von Worten und Botschaften.

Wie negative Kommunikation entsteht

Kinder hören genau zu, wie wir Erwachsenen miteinander und übereinander sprechen, und das tun sie schon von klein an. Der Hörsinn ist bereits beim Neugeborenen extrem gut entwickelt. Kinder bekommen so schon früh einen Eindruck von den verschiedenen Tonlagen, in denen wir zu ihnen sprechen. Auch hören sie manches, was eigentlich nicht für ihre Ohren bestimmt ist, was sie überfordert, verletzen oder demütigen kann. Ständige Reibereien zwischen Mutter und Vater gehören hier ebenso dazu wie übles Gerede über ungeliebte Mitmenschen oder wenn das Kind selbst verbal herabgesetzt oder unterschätzt wird.

Das geschieht schneller und öfter, als man denkt. Keiner von uns ist immer in ausgeglichener Stimmung. Es kann passieren, dass man müde, gestresst, wütend auf jemand anderen oder einfach nur schlecht gelaunt ist. Schnell ist da ein ungeduldiges oder gar böses Wort gefallen, und meistens richtet man es an die Kinder, auch wenn diese mit den eigentlichen Ursachen für die Verstimmung überhaupt nichts zu tun haben. Natürlich war es nicht so gemeint. Doch in den seltensten Fällen vergisst man, ihnen genau dies zu sagen.

Für Eltern, die selbst autoritär erzogen wurden, ist es nicht einfach, sich von der »Regel« zu verabschieden, dass Erwachsene immer Recht und Kinder immer Unrecht haben.

Wenn Eltern unglückliche Kinder waren

Es gibt auch Väter und Mütter, die selbst auf eine traurige Kindheit zurückblicken und genau dies nicht für die eigenen Kinder wünschen. Für sie ist es schwer, sich von den Negativmustern zu verab-

Abseits stehen. Jeder von uns kennt dieses Gefühl aus seiner Kindheit; reichen Sie Ihrem Kind immer wieder die Hand, um es aus solchen Situationen zu befreien.

schieden, die sie im Unbewussten gespeichert haben. Dazu gehören Prägungen wie: Wer als Kind herabgesetzt wurde, setzt selbst herab. Wer als Kind geschlagen wurde, schlägt die eigenen. Aber auch: Wer zu sehr eingeschränkt wurde, wagt nicht mehr, Grenzen zu setzen, oder übertreibt die Sorge.

So gut wir es auch meinen: Es nützt Kindern wenig, wenn wir sie immer mit unseren klugen Gedanken, Erklärungen und Predigten beeindrucken und somit zum Verstummen bringen.

Wenn wir nur zu unseren Kindern sprechen

Es gibt verschiedene Kommunikationssituationen, die Kinder als unangenehme und schlimmstenfalls prägende Erfahrungen verbuchen. Ihnen allen liegt ein bemerkenswertes Muster zugrunde: Eltern neigen in diesen Fällen immer dazu, zu und nicht mit ihren Kindern zu sprechen. Sie schicken so genannte Du-Botschaften aus, die in den oben beschriebenen Gesprächssituationen immer einen Negativcharakter besitzen.

Nun gibt es aber auch Du-Botschaften, die in der besten Absicht an die Kinder abgeschickt werden, um es möglichst positiv zu beeinflussen. Nur ist auch hier das Ziel nicht das gewünschte. Das Kind erlebt unsere Reden als Predigt oder Vorhaltung, die mit ihm selbst, seinen Gedanken, seiner Logik und dem Verhalten, das aus ihnen resultiert, nur wenig zu tun hat.

Ständige Du-Botschaften helfen unseren Kindern wenig dabei, sich und ihr Verständnis von der Welt zu formen, wie es ihnen und ihrem Wesen gemäß ist.

Negative Du-Botschaften

- Jaja, hau nur ab. Du bist wie dein Vater!
- Das musst du schaffen, das ist doch ganz einfach.
- Lass das, das kannst du nicht.
- Wenn du ihn noch mal schubst, dann knalle ich dir eine, dass dir Hören und Sehen vergeht.
- Hier, mein Dickerchen, nimm den Keks.
- Du bist jetzt vier Jahre, du musst das können!

Liebe füreinander kann man ausdrücken

Vergleiche, Überheblichkeit, Demütigungen – auch gut gemeinte wie »Dickerchen« –, ein schlechtes Beispiel, mit dem wir vorangehen und das Erwecken von Schuldgefühlen gehören nicht in Gespräche mit Kindern (genauso wenig wie in die mit Erwachsenen). Wenn uns in der Vergangenheit jedoch mehrmals solche negativen Du-Botschaften über die Lippen gekommen sind, dann ist es an der Zeit, auch einmal positive einzuüben. Die meisten Eltern lieben ihre Kinder, nur verpassen sie es, ihnen genau das auch einmal zu sagen.
Gerade in Zeiten, die ein Kind als belastend erlebt – ein Umzug, ein neues Geschwister, eine Scheidung, Schulstress oder der Verlust eines Freundes –, sind positive Du-Botschaften wichtig. Am zuverlässigsten erlebt sie Ihr Kind, wenn Sie diese mit einer liebevollen Geste begleiten.

Positive Du-Botschaften erleichtern Ihrem Kind, eine Krise zu bewältigen. Sagen Sie ihm also ruhig öfter, dass Sie es lieb haben.

Positive Gedanken für uns und unser Kind

- Die Zeit als Kind ist sehr kurz, aber wir wissen, wie sehr sie dein ganzes weiteres Leben prägt.
- Wir achten auf dein Wachsen, deine Gefühle, Gedanken und dein Tun.
- Die Zeit, die wir gemeinsam verbringen, soll so schön wie möglich sein.
- Wir überdenken auch immer wieder unser eigenes Verhalten und wie wir mit unseren Gefühlen umgehen.
- Wir sind für dich da, wenn du uns brauchst.
- Wir lassen uns von deiner Lebensfreude und deiner Entdeckungslust anstecken.
- Wir lassen uns von dir die Welt zeigen.
- Wir können miteinander streiten und uns dabei respektieren.
- Du bist jemand ganz Besonderer und Wichtiger für mich.
- Du bist ein gutes Kind, auch wenn du dich manchmal daneben benimmst.
- Du bist mir das Liebste auf der Welt.

Warum das Miteinander-Sprechen so wichtig ist

Sorgen Sie auch gut für sich, und schaffen Sie sich ausreichende Entspannungszeiten. Wenn sich Ihr Kind mit Ihnen wohl fühlt, ist die ideale Gesprächsbasis geschaffen.

Es gibt immer mehrere Sichtweisen einer Angelegenheit, und die unseres Kindes sind mit Sicherheit genauso wichtig und interessant wie unsere eigenen.
Wenn wir es schaffen, dass unsere Kinder ihre Meinung oder ihre Empfindungen frei formulieren und wir sie in aller Ruhe so annehmen können, sind wir schon einen ganzen Schritt weiter auf dem Weg zum Miteinander-Reden. Das ist nicht schwer, da Kinder sich meist sehr offen ausdrücken. Je mehr sie darin eingeschränkt werden, desto mehr speichern sie Gespräche mit den Eltern als demütigende Erfahrung. Ein Vertrauens- und Geborgenheitsverlust ist die Folge.Doch genau das elterliche Vertrauen ist die wichtigste Mitgift, die wir unseren Kindern beim Größerwerden mitgeben können. Die Welt werden sie später selbst als nicht immer gut und aufrichtig erleben. Umso wichtiger ist es, dass sie sich auf unsere Offenheit und Wertschätzung verlassen können.
Nicht zuletzt können wir nur wissen, wie unser Kind fühlt, wenn wir mit ihm im Gespräch bleiben. Und nur auf diesem Wege können wir sein Denken beeinflussen. Uns obliegt es, die Kommunikation in Bahnen zu halten, die uns beiden – dem Kind und uns – die Gewissheit verschafft, vom anderen ernst genommen zu werden.

Wie sich alle im Gespräch wohl fühlen können

Haben Sie Vertrauen in sich selbst und in Ihr Kind! Keiner von uns kann immer richtig handeln, Sie nicht und Ihr Kind auch nicht.
Die Verantwortung für unser eigenes Verhalten jedoch können wir übernehmen, die Verantwortung für jedes Verhalten des Kindes nicht. Schließlich können wir auch nur unser eigenes Verhalten ändern, das unseres Kindes oder eines beliebigen anderen Menschen nicht. Jeder Mensch, und sei er auch noch so klein, ändert sein Verhalten erst dann, wenn er die Notwendigkeit dazu gewinnbringend erkannt hat.

Gedanken zum Aufbau einer familiären Gesprächskultur

- Ich kann niemanden ändern außer mich selbst.
- Je wertfreier meine Aussagen sind, desto eher entsteht ein stressfreies, vorwurfsloses Gespräch.
- Meine Emotionen halte ich aus dem Gespräch heraus. Ich versuche, sachlich zu bleiben.
- Zuerst befassen wir uns mit deinen Bedürfnissen, dann mit meinen. Wir klären dein Problem, dann meines. Wir haben das Problem dann erfasst, wenn du aus vollem Herzen zustimmen kannst.
- Wir besprechen, wo unser gemeinsamer Konflikt liegt. Wir suchen nach einer gemeinsamen Lösung. Wir bemühen uns, das Problem so zu erfassen, dass du aus vollem Herzen zustimmen kannst.

Zeit zum Träumen – Zeit zum Spielen

Wohlbefinden, Freude, Selbsterfüllung sind die Stichworte, die wir zusammen mit dem Begriff »Glück« verwenden. Eng mit diesen Aspekten eines als gut empfundenen Lebens hängt noch ein anderer Begriff zusammen, der uns nun beschäftigen soll: das innere und äußere Gleichgewicht des Kindes. Und in diesem Zusammenhang wollen wir auch der Frage nachgehen: Wie können wir Eltern unser Kind sinnvoll dabei unterstützen, dieses zu erhalten oder bei Bedarf selbst herzustellen?

Die Fähigkeit zur inneren Sammlung ist die Voraussetzung für eine entscheidende Erfahrungen, die bewusste Wahrnehmung von sich selbst und der Welt.

Balance, der Steuermann aller Sinne

Als »Vater aller Sinne« gilt der Gleichgewichtssinn. Er drückt sich in der Fähigkeit aus, Balance zu halten, innen wie außen. Den Sinn dafür entwickelt das Baby bereits im Mutterleib, wo es zum ersten Mal Schwerkraft spürt. Nach der Geburt entwickelt das Baby diesen Sinn weiter. Und jeder Fortschritt beim Ringen um das eigene Gleichgewicht gibt ihm wichtige Impulse für seine weitere körperliche und geistig-seelische Entwicklung. Drehen, Robben, Krabbeln, Sitzen, Hochziehen, Stehen und schließlich Gehen: All diese Stationen entsprechen dem natürlichen Bedürfnis nach Bewegung, nach Ausweitung des eigenen Radius und dem Drang, die Welt um sich herum zu erforschen.

Äußere Eindrücke ordnen durch innere Ausgeglichenheit

Auch innerlich strebt das Kind (wie auch der Erwachsene) ständig danach, sein Gleichgewicht zu halten. Erst die innere Balance ermöglicht wirkliches Wohlbefinden und hilft dabei, auch schwierige Situationen zu meistern, ohne durch sie Schaden zu nehmen. Für ein kleines Kind ist das innere Gleichgewicht jedoch noch weit wichtiger als für die Großen. Es hilft ihm dabei, alle Sinne optimal zu entfalten und sich dadurch nicht im Durcheinander der verschiedenen Eindrücke zu verlieren.

Wo die Zeit für eine lange Entspannung, z. B. einen Mittagsschlaf, fehlt, sollten wir unbedingt dafür sorgen, dass unser Kind zu einem späteren Zeitpunkt zur Ruhe kommen kann.

Wie das Selbstregulationsprinzip gestört werden kann

Jedes Kind ist grundsätzlich fähig dazu, sich selbst zu beruhigen. Auch dies lernt es schon früh im Mutterleib. Alle Sinne stehen dabei in einer fein abgestimmten Balance miteinander. Doch ist dieses Gleichgewicht äußerst empfindlich und kann durch verschiedene Faktoren, wie beispielsweise die Überforderung durch Außenreize, gestört werden. Dazu gehören nicht nur Faktoren wie Stress und Unruhe während der Schwangerschaft und danach, sondern auch gut gemeinte Bemühungen wie forcierte Förderungsprogramme in Form von Lese- und Rechentraining für Kleinkinder oder Versuche, den Embryo durch Geräusch- oder Sprachprogramme zu beeinflussen. Wissenschaftler vermuten, dass Ungeborene bei einem derartigen Überangebot, das schnell in Leistungsdruck ausarten kann, abschalten. Das Risiko, dass diese Kinder sich später nervös und ängstlich verhalten, ist durchaus vorhanden.

Im Schlaf verarbeitet Ihr Kind die Fülle seiner Erlebnisse und Eindrücke und findet so wieder Ruhe für den neuen Tag.

Wachheit braucht Ruhe

Das Grundbedürfnis nach Stille und Gleichgewicht, das ja auch jeder Erwachsene hat, sollte bei unseren Kindern genauso respektiert werden wie das nach Zuwendung und Unterhaltung. Im Grunde genügen die Reize, die der durchschnittliche Tagesablauf einer Familie mit seinen Rhythmen und Ritualen zu bieten hat. So lernt ein Baby auf natürliche Weise, seine Sinne zu nutzen. Und so kann es zu einem wachen und aktiven Menschen heranwachsen. Aktivität verlangt jedoch immer nach seinem Gegenpart Ruhe, beide sollten sich ebenso wie beim Erwachsenen die Waage halten. Ist beides in ausreichendem Maße vorhanden, kann Harmonie und innere Ausgeglichenheit entstehen.

Kinder nehmen an allem teil, wovon ihre Eltern betroffen sind: an der Hektik, der Reizüberflutung, genauso wie an ruhigen Phasen und harmonischen Momenten.

Flow-Erlebnisse machen glücklich

Jedes Kleinkind hat die Fähigkeit zu meditieren und sich zu versenken. Das können wir beobachten, wenn es beispielsweise alleine vor sich hinspielt und sich durch nichts stören lässt. Kinder können, wenn wir sie lassen, ganz im Moment aufgehen. Das kann praktische

Abläufe im Alltag zwar deutlich verlangsamen, doch ist es auch sehr spannend, sich einmal auf das langsame Tempo einer Zwei- oder Dreijährigen einzulassen. Nehmen Sie sich mal für einen Einkaufsweg die Zeit, Ihr Kind das Tempo bestimmen zu lassen. Sie werden staunen, was Sie da alles zu sehen bekommen.

Moderne Psychologen sprechen in diesem Zusammenhang über Flow-Erlebnisse. Sie stellen sich ein, wenn ein Mensch ganz in seiner momentanen Beschäftigung aufgeht und sich selbst und die Umwelt dabei vergisst. Diese Art von spontaner Selbstverwirklichung bringt Glückserlebnisse von großer Tiefenwirkung.

Bauen Sie eine regelmäßige Auszeit in Ihren Alltag ein, in der Sie ganz bewusst gar nichts tun. Mit etwas Übung im Nichtstun kommt Ihr kreatives Potential so richtig zur Entfaltung.

Zeit zum Trödeln und Träumen

Zeit zum Trödeln und Träumen ist im Kinderalltag genauso wichtig wie Bewegung und Spiel. Gerade Schulkinder mit einem vollen Terminplan aus zusätzlichen Aktivitäten in der Musikschule oder im Sportverein brauchen die Möglichkeit zum Ausstieg aus ihrem anstrengenden Alltag. So genannte Stilleübungen, die man ganz einfach in den Alltag einbauen kann, sind ein wirksames Hilfsmittel dabei, ein Gefühl der Geborgenheit herzustellen und innere Sicherheit und Balance wiederherzustellen.

Stilleübungen für wache Kinder

- Übungen zum Sehen, Hören, Riechen, Schmecken, Tasten und Fühlen
- Atemübungen
- Meditation
- Yoga
- Autogenes Training
- Entspannungsübungen
- Alltags- und Jahreslaufrituale (Essen, Schlafen, Spielzeiten)
- Singen und Erzählen
- Mandalamalen
- Basteln und Werken

Anregung und Ermutigung

Genauso wichtig wie Zeiten zum Innehalten sind im Kinderalltag Anregung und Ermutigung zu Bewegung und Spiel. Das ist in der Regel nicht besonders schwierig, denn ein Kind bringt dazu die innere Motivation bereits mit. Jedes Kind verabscheut Langeweile und hat Lust darauf, sich mit etwas Fesselndem zu beschäftigen, in dem es ganz aufgehen kann. Schließlich hat das Spielen an sich sehr viel mit Selbstverwirklichung im besten Sinne zu tun. Auch das Spiel kann ein Flow-Erlebnis sein. Der Entdecker des Flow-Konzeptes, der ungarisch-amerikanische Psychologe Mihaly Csikszentmihalyi, bezeichnet den Flow als einen Schlüssel zum inneren Glück, zu mehr Kreativität und langfristig zu einer ethisch bewussten Lebensweise.

Langeweile kann sehr negative Züge annehmen. Jugendlicher Vandalismus oder selbstzerstörerische Handlungen werden als der Versuch gedeutet, sich selbst zu spüren.

Langeweile macht unglücklich

Um der Langeweile zu entkommen, beschäftigt sich ein Kind im Zweifelsfall auch mit Dingen, die es über- oder unterfordern können oder sogar mit negativen Folgen verbunden sind. Während permanente Überforderungen, beispielsweise durch forciertes Lernen, zu Frustrationen und Ängstlichkeit führen können, wirkt eine Unterforderung der eigenen Fähigkeiten zunächst entspannend und dann langweilig. Stundenlanges Fernsehen oder Computerspielen gehört allen Medienbefürwortern zum Trotz zu den Tätigkeiten, die schnell zur Passivität führen und suchtfördernd sind. Flow- und Glückserlebnisse sind jedoch passiv nicht erlebbar!
Sicher ist es wenig zeitgemäß, elektronische Medien zu verteufeln. Schließlich sind sie heute nicht mehr wegzudenken. Zudem müssen Kinder frühzeitig lernen, mit Computern umzugehen, die das tägliche Leben mehr und mehr prägen. Bei einem sinnvollen Umgang kann auch das Gegenteil von Langeweile erreicht werden. Ein gemeinsamer Fernsehabend in der Familie ist beispielsweise ein angenehmes Erlebnis für die Kinder. Und die gezielte Beschäfti-

gung mit dem Computer kann bei den Kindern nicht nur die kognitive Entwicklung anregen, sondern auch zu Flow-Erlebnissen führen. Insgesamt gilt: Die Kinder sollen lernen, vernünftig und konstruktiv mit diesem Medium umzugehen.

Glücklichsein heißt, etwas zu tun zu haben

Augenblicke intensiven Lebens, wie sie beim kreativen Spiel erlebt werden, zeigen dem Kind, was an Möglichkeiten in ihm steckt.

Jeder Mensch, jedes Kind kann dorthin geführt werden, wo es sich wirklich glücklich fühlt. Das ist zu Beginn nicht immer ganz einfach, vor allem, wenn sich Gewohnheiten eingeschlichen haben, die ablenken, anstatt die innere Sammlung zu fördern. Selbstvergessenheit und die Konzentration auf eine Aufgabe können besonders gut im Spiel (wieder)erlernt und erlebt werden. Dabei ist der Begriff »Spiel« weit gefasst und hat nur wenig mit der Warenwelt zu tun, mit der sich die Spielzeugindustrie auf unsere Kinder stürzt. Vorprogrammierte Erlebnisse durch fertiges Spielzeug, das unter Umständen auch noch mit verschiedenen Funktionen ausgestattet ist wie etwa Geräuschpanels für Babys und Kleinkinder, durch die verschiedene Tierstimmen erzeugt werden, und ähnlich künstliches Allerlei würgen Kreativität und Phantasie im Ansatz ab.

Ihn scheint das geheime Leben der Bäume brennend zu interessieren. Spielen, Lernen und Glücklich sein stehen in engem Verhältnis zueinander.

Weniger ist mehr

Sicher gibt es auch pädagogisch wertvolles Spielzeug. Am besten ist jedoch das, was unsere Kinder anregt, selber etwas zu schaffen, zu basteln, herzustellen. Die Zutaten dazu finden sich in jedem Haushalt. Da ist die ausgelesene Tageszeitung zum Schiffchenbauen, ein ausgedienter Telefonhörer, mit dem man mit der Oma telefonieren kann, die Schuhschachtel, in der man die Sammlung mit den Zaubersteinen vom Sonntagsspaziergang verstecken kann, und vieles mehr. Lassen Sie sich durch die Phantasie Ihres Kindes anregen, und geben Sie ruhig nach, wenn es Ihr altes Radio auseinander schrauben oder in einem Kochtopf selbst »kochen« möchte.

Jedem seine kleinen Freuden: an seinem Auto herumbasteln, neue Kochrezepte ausprobieren oder sich mit dem besten Freund treffen, um ausführlich zu plaudern.

Regel 4: Spielraum und Spielzeit einräumen

Beständigkeit, Verlässlichkeit, das Finden des inneren Gleichgewichts, die Ausgewogenheit zwischen Bewegung und Ruhe sowie das Recht, sich nicht zu langweilen, sind Parameter, die für den Alltag der Großen ebenso wie für den der Kleinen gelten sollten. Im Spiel lernen unsere Kinder, sich auf sich selbst zu verlassen und ihre Möglichkeiten zu erfahren. Unbewusste Spannungen können auf diesem Wege gelöst werden, das Selbstgefühl wächst. Das Leben wird intensiv und positiv empfunden; Fühlen, Wollen und Denken bilden im Spiel eine Einheit.

Was beim Spielen wichtig ist

Tut man etwas, das einen glücklich macht, erweitert das gleichzeitig auch die eigenen Fähigkeiten. Im aktiven Gebrauch seiner Zeit lernt (nicht nur) ein Kind, sich selbst zu fühlen und sich selbst zu verwirklichen. Wichtig ist dabei nur, herauszufinden, was ihm genau liegt, welche Vorlieben es hat. Das Ausprobieren von verschiedenen Spielmöglichkeiten hilft beim Finden der geeigneten Beschäftigung. Berücksichtigen sollten wir in diesem Zusammenhang auf jeden Fall Folgendes:

Jedes Kind braucht Zeit zum Spielen, um Konzentration, Hingebung an eine Sache und Ausdauer entwickeln zu können: Es lernt so, sich auch mit Problemen selbst auseinander zu setzen.

- Jedes Kind ist anders und hat andere Fähigkeiten und Vorlieben, die wir als Eltern respektieren sollten. Das eine Kind freut sich an seinem Musikinstrument und hat keine Probleme mit den Übungszeiten, das andere spielt gerne Hockey, wieder ein anderes programmiert gerne seinen Computer oder ist eine hingebungsvolle Leseratte.
- Jedes Kind bevorzugt eine bestimmte Umgebung, in der es am besten spielen kann. Das kann die Küche sein, ebenso wie Papas Hobbykeller, das eigene Zimmer, der Garten oder der Spielplatz.
- Kinder spielen gerne mit anderen. Bei den Kleinen sind das die Eltern, ab dem Vorschulalter ist es die Gruppe Gleichaltriger, in der Freundschaften geschlossen werden können.
- Jedes Kind sollte aber auch die Möglichkeit dazu haben, alleine und ungestört spielen zu können.
- Naturerfahrungen sollte jedes Kind möglichst oft genießen können. In der freien Natur lernt es, seine Sinne zu gebrauchen, wird vertraut mit dem Jahreszyklus des Werden und Vergehens von allem, was wächst, lernt den angstfreien Umgang mit Tieren und vieles mehr, das wichtig für das Selbstvertrauen ist.
- Nehmen Sie sich regelmäßig Zeit, mit Ihrem Kind zu spielen: Spielen ist eine der natürlichsten und unkompliziertesten Möglichkeiten, eine innere Verbindung zu Ihrem Kind aufzunehmen und ihm Nähe und Geborgenheit zu vermitteln. Unterstützen Sie Ihr Kind in seinem Drang, herauszufinden, wo seine Vorlieben und Stärken liegen, auch wenn diese nicht Ihre eigenen sind.

Strukturen und Grenzen

Eigenschaften wie Selbstbewusstsein und Freiheitsstreben benötigen bei jedem Kind einen Kontrapunkt, um sich entwickeln zu können. Was im ersten Moment paradox klingt, ist im zweiten Augenblick leicht nachvollziehbar. Nur innerhalb bestimmter Grenzen können wir uns selbst erfahren und fühlen, können wir spüren, wie frei wir wirklich sind. Das gilt insbesondere für das Leben in der Familie.

Feste Gewohnheiten schenken Halt

Freiheit und Respekt können wir im Grunde nur genießen, wenn wir auch die Freiheit der anderen Mitglieder in unserer Familie oder der Gruppe, in der wir uns tagtäglich bewegen, achten. Das erfordert Ordnung. Zum einen ist Ordnung an bestimmte Rhythmen und Abläufe gebunden, z.B. eine feste Struktur des Familienalltags. Der beginnt mit dem morgendlichen Aufstehen über den Weg ins Bad an den Frühstückstisch. Er lässt die Familienmitglieder sich voneinander verabschieden, der Vater geht zur Arbeit, ein Kind geht zur Schule, das andere in den Kindergarten, bis man sich mittags wieder zur gemeinsamen Mahlzeit zusammenfindet. Nach dem Essen werden die Hausaufgaben gemacht oder ein Mittagsschlaf gehalten, der Nachmittag ist dem Spiel gewidmet, bis sich abends die ganze Familie zum Abendessen zusammenfindet. Anschließend werden die Kinder zu Bett gebracht, und die Eltern haben Zeit für sich und ihre Interessen.

Viele Kinder brauchen ein festes Einschlafritual. Erst danach können sie sich auf den Übergang in die unbewusste Welt einlassen.

Glück in der Beschränkung?

Ordnung hat so gesehen einiges mit Beschränkung zu tun. Keiner in der Familie kann sein Ich auf Kosten der anderen rücksichtslos ausleben. Denn jedes Ich hat in einer Gemeinschaft denselben Wert. Und das wird gerade dadurch deutlich, dass alle in dieselbe Ordnung eingebunden sind und dafür auch Einschränkungen hinnehmen. Das gilt für die Großen ebenso wie für die Kleinen. Sie fragen sich jetzt, was Grenzen und Einschränkungen nun mit der Entwicklung der Glücksfähigkeit zu tun haben?

Glück hat viel mit Entfaltungsmöglichkeiten in einem sicheren Rahmen zu tun. In diesem Muster bestimmter sich wiederholender Handlungsabläufe finden wir einen solchen Rahmen. Besonders Kindern verleiht eine solche Struktur Wohlgefühl und Sicherheit. Und diese kleinen Alltäglichkeiten können tatsächlich zu einem angenehmeren Leben aller Familienmitglieder beitragen.

Kein Paradox: Rituale verleihen Flexibilität

Tiefenpsychologisch wird das folgendermaßen erklärt: Durch immer gleiche Abläufe – man spricht in diesem Zusammenhang von Ritualen – bilden sich im Gedächtnis des Kindes bestimmte, vertraute Verhaltensschemata ab. Sie schenken ihm in den jeweiligen Situationen, in denen sie zur Anwendung kommen, nicht nur Selbstsicherheit, sondern, und das ist das Besondere, sie eröffnen ihm auch Handlungsmöglichkeiten für neue, unbekannte Situationen, wenn es beispielsweise einmal allein auf sich gestellt sein sollte. Die Erfahrung hat gezeigt, dass sich ein Kind, wenn es größer ist, eigene Rituale entwirft. Das ist der Fall, wenn es gilt, ein Problem zu bewältigen oder sich einem neuen Wirklichkeitsverständnis anzupassen, das sich mit seinem reifenden Bewusstsein entwickelt.

Wird ein Kind von klein auf an Rituale gewöhnt, ist es auf dem Weg zu mehr Selbstständigkeit durch verlässliche Erlebnisse im Tages- oder Jahreslauf gestärkt.

Wie Kinderrituale aussehen

Zur Ordnung des familiären Miteinanders wurden seit Generationen Rituale installiert. Sie gehören zu den wenigen Traditionen, auf die wir uns auch heute besinnen können, ohne rückschrittlich zu denken oder zu handeln.

Es gibt Rituale für den Übergang von der Nacht zum Tag, vom Tag zur Nacht, für den Wechsel der Jahreszeiten, zur Einübung von Nähe und von Grenzen, von Geben und von Nehmen und vielem mehr. Die Rituale zum Aufstehen, zum gemeinsamen Essen oder zum Einschlafen werden den Kindern zu vertrauten und schnell lieb gewonnenen kleinen Höhepunkten, die den Tag strukturieren. Alltagsrituale sind, so der Psychiater und Sozialtherapeut Rudolf Dreikurs, was für ein Haus die Wände sind. Dann gibt es noch die übergeordneten Jahreslaufrituale wie beispielsweise (Kinder-)Feste innerhalb des religiösen Brauchtums. Dazu gehören Ostern oder die Adventszeit und Weihnachten oder auch der Geburtstag.

Auf diese immer wieder nach demselben Muster ablaufenden Unterbrechungen von Jahr und Tag kann sich das Kind verlassen. Inner-

»Schau mal, was ich kann!« Überzeugen Sie Ihr Kind, dass Hausarbeit nicht nur Sinn, sondern auch Spaß machen kann.

halb dieser Regeln kann eine Familie mehr oder weniger friedlich zusammenleben, und die Kinder wissen, in welchen Rahmen sie sich einordnen können. Außerdem erfahren sie so zu festen Zeiten beispielweise beim Essen oder bei gemeinsamen Spielzeiten Aufmerksamkeit und Zuwendung.

Tipps für die Ordnung: Zeigen Sie nicht zu offen, wie wichtig Ihnen Ordnung ist, und gehen Sie das Thema möglichst gelassen an, am besten beiläufig. Arbeiten Sie mit Lob statt Drohungen.

Macht Ordnung halten wirklich glücklich?

Wenn Glück Harmonie, Ausgewogenheit und Achtsamkeit im Umgang miteinander bedeutet, dann kann man diese Frage sicher mit »Ja« beantworten. Ordnung halten bedeutet jedoch nicht nur, sich in Familienregeln zu fügen. Sie betrifft auch ganz konkret die Ordnung im gemeinsamen Zuhause. Viele Eltern beklagen sich über die Unordnung, die ihre Kinder hinterlassen, und dass es unmöglich ist, diese ohne Streit und unangenehme Szenen zu beseitigen. Wird die Predigt der ordnungsliebenden Mutter einmal überhört, ist die Achtung vor ihr in den Augen der Kinder bereits am Sinken. Und der Widerstand der Kleinen kann sehr wirksam sein. So wirksam, dass es eben die Mutter ist, die das Kinderzimmer aufräumt oder den von Bastelarbeiten überfluteten Esstisch.

Mitarbeiten gehört zum Familienalltag

Treffen Sie mit Ihrem Kind klare Abmachungen in punkto Ordnung, und lassen Sie es ansonsten in Ruhe, dann wird das Thema nicht zur anstrengenden Dauerkrise.

Das Zugehörigkeitsgefühl innerhalb einer Familie wird nicht nur durch Gewohnheiten und Regeln gestärkt. Auch eine auf den ersten Blick so unangenehme Tätigkeit wie Aufräumen fördert den Respekt voreinander und schützt die Freiheiten der einzelnen Familienmitglieder. Ein anderer Aspekt, der mindestens genauso wichtig dabei ist, das häusliche Gleichgewicht zu erhalten, hängt eng mit dem Ordnunghalten zusammen: Mitarbeit, auch bekannt unter dem hässlichen Wort »Pflicht«, das allerdings mehr mit Unterordnung und Macht zu tun hat. Pflichten machen nicht glücklich, sondern unfroh. Sie werden von oben verordnet und reizen die Schwächeren, dagegen aufzubegehren, weil sie in der Regel wenig einsichtig und verständnisvoll verteilt werden.

Wie Sie Mithilfe erreichen können

Vorausgeschickt sei erst einmal: Kinder arbeiten grundsätzlich gerne mit im Haushalt und erledigen kleine Aufgaben. Das hängt ganz einfach damit zusammen, dass sie sich freuen, in ihrem Clan aufgehoben zu sein und hier wichtige Dinge für ihn erledigen zu können. Und sie ahmen gerne ihre Bezugspersonen nach. Wenn die Mutter also beispielsweise in einer bestimmten Regelmäßigkeit häuslichen Aufgaben nachgeht, so wird das Kind eben dies auch tun wollen.

Es ist daher gar nicht so schwierig, die Kinder auf die richtige Weise zur Mithilfe zu animieren :

- Mitarbeit ist an kein Alter gebunden. Sicher macht es wenig Sinn, einer Vierjährigen die Aufsicht für einen Säugling zu übertragen. Doch kann dasselbe Kind Ihnen morgens dabei helfen, den Frühstückstisch zu decken.
- Kinder imitieren sehr gerne. So kann es geschehen, dass Ihr Dreijähriger Ihnen unbedingt beim Ausräumen der Geschirrspülmaschine zur Hand gehen möchte, weil es das bei Ihnen so oft gesehen hat.

Bitten Sie es, Ihnen nur bestimmte kleine Teile aus der Maschine zu reichen, wie Eierbecher oder Saftgläser, die nicht allzu wertvoll sind. Mit der Zeit darf es dann immer mehr ausräumen helfen, was es sehr stolz macht.

- Arbeiten Sie immer mit! Ein Kind fühlt nur das Bedürfnis nach Mitarbeit, wenn es sieht, dass auch Sie Ihre Aufgaben erledigen.
- Verzichten Sie auf Befehle und Verordnungen. Sie werden sehen, dass das unnötig ist und im Zweifelsfall nur einen Misserfolg nach sich zieht.
- Der Zeitpunkt, zu dem Sie um die Mitarbeit bitten, sollte richtig gewählt sein. Es macht wenig Sinn, einen Zehnjährigen zu bitten, er möge sein Fußballspiel beenden, um den Müll hinunterzutragen.
- Sie lassen Ihrem Kind die Wahl, was es gerne erledigen möchte. Selbstverständlich sollte die Auswahl an Aufgaben auf sein Alter zugeschnitten sein.
- Bleiben Sie entspannt, wenn die Mithilfe nicht ganz perfekt ausfällt. Nur der gute Wille zählt. Erst durch Erfahrungen kann ein Kind lernen, wie es richtig geht.
- Erkennen Sie die Leistung Ihres Kindes immer an, und freuen Sie sich mit ihm über seine wachsenden Fähigkeiten.

Jedes Kind will gut sein, in dem was es tut. Es braucht dazu keine Belohnungen. Es fühlt sich wichtig, wenn es auf positive, sinnvolle Art zum Familienleben beisteuern kann.

Ein Wort zu Belohnungen

Kinder für Mitarbeit im Haushalt, für soziales Verhalten oder dafür, dass es dreimal die Woche am Klavier übt, zu belohnen, ist wenig sinnvoll. Das Mitarbeiten wird so zu einer Tätigkeit herabgesetzt, bei der immer etwas herausspringen muss, und ist keine Selbstverständlichkeit mehr. Im Falle des Klavierübens ist es die Frage, aus welcher Motivation heraus das Kind übt und ob es überhaupt Freude daran hat und dadurch auch wirklich Fortschritte beim Spielen macht. Ein natürliches Gemeinschaftsgefühl kann durch ein System der Belohnung kaum entstehen. Stattdessen entsteht eine sehr materielle Einstellung dem Leben gegenüber, das dem Kind langfristig immer etwas »schuldig bleibt«.

Konsequenz hilft, den Familienfrieden zu erhalten

Konsequenz hat nichts mit Härte zu tun. Sie zeigt unserem Kind, wo es steht, und das ist weder unterhalb von uns noch auf einem Podest, sondern neben uns.

Zwischen den Zeilen konnten Sie es in diesem Kapitel immer wieder lesen: Konsequenz spielt die Hauptrolle beim Grenzensetzen und Strukturieren des Familienalltags. Und so paradox es manchen Eltern vorkommen mag: Kinder schätzen es ganz und gar nicht, wenn die nächste Grenze in ihrem Leben erst der Himmel ist. Das verwirrt und verunsichert sie. Bleibt das Familienleben strukturlos, sind sie letztlich gezwungen, den Respekt vor ihren Eltern zu verlieren. Letzteres macht die Kinder unglücklich. Kein Kind gibt gerne sein Vorbild auf.

Regel 5: Ordnung stützt die Familie

Rhythmus, Ordnung, Zusammenarbeit und Selbstbeschränkung in Form von Grenzen helfen dabei, den Respekt voreinander zu bewahren, und stützen den Familienfrieden. Und der ist eine der Grundlagen für den Rahmen einer glücklichen Kindheit. Wichtig ist, dass die Eltern konsequent ihre Auffassung von Ordnung vertreten, und dass diesbezüglich alle an einem gemeinsamen Strang ziehen. Sprechen Sie höflich miteinander, pflegen Sie einen ruhigen Umgangston, wenn es um mögliche Streitthemen geht. Lassen Sie sich nicht provozieren, und reagieren Sie ruhig einmal unerwartet friedlich und desinteressiert, wenn sich ein Machtkampf um die Ordnung anbahnt.

Warum Bestrafungen in einer Sackgasse münden

Im autoritativen Erziehungsstil haben Zwang und der Wunsch, dem Kind seinen Willen aufzuzwingen, keinen Platz. Beide Haltungen sind in aller Regel auch zwecklos. Schließlich wird ein Kind, das nicht versteht, warum es etwas Bestimmtes tun oder erledigen soll, dies auch nicht tun wollen. Daran ändern auch Strafen nichts wie Schläge oder spontan ausgesprochene Verbote, die mit der

Sache nichts zu tun haben. Eine Strafe unterstützt das Kind dabei, Widerstand und Trotz als Akt der Rache zu entwickeln. Und jedes Kind ist dabei in der Regel weit ausdauernder und phantasievoller als ein Erwachsener. Es wird ein Missverhalten immer wieder an den Tag legen oder dieses sogar noch steigern, auch und gerade weil es dafür geschlagen oder gedemütigt wird.

Es gibt viele Konfliktsituationen im Erziehungsalltag, in denen Eltern sich geradezu herausgefordert fühlen, ihrem Kind eine Ohrfeige zu verpassen oder es zu versohlen. Doch was passiert dabei? Im Grunde geht es der Mutter oder dem Vater in diesem Moment sehr schlecht, sie sind so entmutigt über das Verhalten ihres Kindes und ihre Machtlosigkeit, dass sie keinen anderen Weg wissen als eben körperlich zu strafen. Nicht nur die Würde des Kindes bleibt dabei auf der Strecke, auch die der Eltern.

Sind Sie überzeugt von Ihren Regeln? Kinder haben ein sehr feines Gespür dafür, wie ernst wir es meinen. Im Zweifelsfalle lassen sie sich auch zum Ungehorsam erziehen.

Die Alternative: Konsequenzen tragen lassen

Wenn Eltern verzweifelt und kraftlos sind, können sie ihren Gefühlen manchmal nur dadurch Ausdruck verleihen, indem sie versuchen, durch Strafe eine Machthierarchie herzustellen. Dass dieses Verhalten den Teufelskreis der gegenseitigen Vergeltung nach sich ziehen kann, haben wir oben gezeigt. Schlimmstenfalls wird die Würde des Kindes völlig missachtet und sein Wille gebrochen.

Schuldgefühle der Eltern, die sich im Nachhinein einstellen können, machen das Ganze nicht besser. Das Einzige, was wirklich hilft in solchen Situationen, ist zu lernen, seine Schwäche wahrzunehmen und als »Ausrutscher« anzunehmen.

Versuchen Sie nicht, perfekt zu sein und Ihr Ordnungssystem mit Stärke zu vertreten. Stehen Sie dazu, dass Sie unvollkommen sind, kehren Sie den Scherbenhaufen zusammen, entschuldigen Sie sich bei Ihrem Kind für Ihr Verhalten. Sprechen Sie mit ihm darüber, und versuchen Sie, es auf diese Weise zu verarbeiten – und bemühen Sie sich in Zukunft einfach um eine bessere Erziehungsmethode.

Zufriedene Eltern

Wir haben den Rahmen gezeigt, in dem ein Kind seine Glücksfähigkeit entwickeln kann. Einen der wichtigsten Aspekte haben wir uns bis (fast) zum Schluss aufbewahrt: die Einstellung und Lebenshaltung der Eltern. Zufriedene, glücksfähige Eltern sind sicher eher in der Lage, ihre Rolle auszufüllen und eine Kindheit liebevoll zu begleiten, als unglückliche Paare, die sich durch das zusätzliche Familienmitglied überfordert fühlen. Nicht umsonst sagt eine Lebensweisheit: »Eine glückliche Mutter ist für Kinder segensreicher als hundert Lehrbücher über Erziehung.«
Dabei geht es nicht um die perfekten Eltern, die perfekte Mutter, den perfekten Vater. Wie soll so ein Mensch schließlich aussehen? Die Werbung gaukelt uns zu diesem Zweck Familien vor, die in lichtdurchfluteten Küchen Margarine oder Instantkochprodukte verzehren. Die Kinder sind niedlich gekleidet, modisch frisiert und haben immer ein altkluges Sprüchlein auf den Lippen. Die Väter sind die gutmütigen, freundlichen Ernährer, die brav mit am Mittagstisch sitzen. Und alle bewundern die adrette Übermutter, die am Herd steht und wieder eines der köstlichen Gerichte gezaubert hat.

Orientieren Sie sich in Ihrem Alltag mit Kindern nicht an einem überzogenen Ideal, sondern machen Sie einfach das Beste aus Ihrer speziellen Situation.

Plötzlich sind wir Mutter und Vater

Doch wie sieht eine »glückliche Familie« tatsächlich aus? Die Antwort darauf ist gar nicht so schwer. Sie lässt sich im Umgang der Eltern mit den Problemstellungen finden, die sich gerade aus den ersten Jahren mit einem Kind ergeben. Schließlich ist eine Familie etwas Gewachsenes, etwas, das mit der Zeit entsteht.
Ein Kind in einer Familie verändert alles. Nicht nur das Selbstverständnis von Frau und Mann, die jetzt zu Mutter und Vater werden, ändert sich. Auch die Partnerschaft zwischen den beiden wird in der Regel gehörig durcheinander gewirbelt. Immerhin verschiebt der Neuankömmling das bisherige Beziehungsgefüge seiner Eltern hin zu einer Dreierbeziehung, die an die Erwachsenen gerade zu

Beginn seines Lebens erhebliche Anforderungen stellt. Beide, die frisch gebackene Mutter wie auch der Vater, brauchen viel Anpassungszeit und Kraft, bis die Familie tatsächlich zusammengewachsen ist. Kinderpsychologen sprechen in diesem Zusammenhang von etwa einem halben Jahr »Gewöhnungszeit« aneinander. Diese Zeit gilt übrigens nicht nur für Erstgeborene, sondern auch für jedes folgende Geschwisterkind.

Elternsein ist ein anstrengender Beruf. Sorgen Sie daher auch für sich selbst und Ihre Partnerschaft – und das möglichst regelmäßig.

Was sich alles verändert

Die neue Beziehungssituation der Eltern ist geprägt durch eine Reihe vielschichtiger Problemstellungen, die wir im folgenden Abschnitt kurz skizzieren möchten:

- Die neue Rolle von Mutter und Vater ist meist mit einer erheblichen Veränderung des bisherigen Alltags verbunden. Eigene Wünsche und Bedürfnisse müssen zugunsten des Kleinen zurückgestellt werden. Beide Partner haben meist weniger Zeit für sich und auch füreinander. Ein Beispiel während der ersten Lebensjahre des Kindes ist die häufig gestörte Nachtruhe der Erwachsenen, sei es, weil das Kleine gestillt werden will, weil es zahnt oder – später – weil es schlecht träumt oder auch krank sein kann.
- Der ganze Alltag muss neu organisiert werden: Das betrifft die Aufteilung der Wohnung ebenso wie die Aufgabenverteilung (Berufstätigkeit und/oder Haushalt), den finanziellen Hintergrund, bestimmte lieb gewonnene Gewohnheiten (z. B. zeitraubende Hobbys), die Zuwendung füreinander und nicht zuletzt die Kraftreserven beider Elternteile gleichermaßen.
- Mutter und Vater haben nicht mehr uneingeschränkt Zeit füreinander. Das Gefühlsleben wird für eine lange Zeit mit dem Kind oder den Kindern geteilt.
- Die Eltern können allerdings durch ihre neue Rolle endgültig von der eigenen Kindheit Abschied nehmen. Jetzt ist die Gelegenheit, und oft entsteht auch jetzt der Wunsch, sich von Abhängigkeiten vom eigenen Elternhaus endgültig zu befreien.

Von Klein- und Kleinstfamilien

Die klassische Kleinfamilie, wie wir sie oben immer wieder dargestellt haben, besteht aus Vater, Mutter und einem oder zwei Kindern. Sie hat die Großfamilie, jenes Netz aus weiteren erwachsenen Bezugspersonen und anderen Kindern aus verwandten Familien, mit denen die Kleinen groß werden, in weiten Kreisen abgelöst. Das hängt mit der veränderten Lebenssituation des modernen Menschen und seiner erhöhten Mobilität zusammen. Um die fehlende Betreuungsfunktion der Großfamilie aufzufangen, gibt es heute verschiedene Einrichtungen, die Eltern bei der Betreuung ihrer Kinder entlasten können. Dazu gehören Krippen, Kinderhorte und Kindergärten, die entweder von der Gemeinde, der Kirche oder privat getragen werden. Finanziell besser gestellte Eltern, die beide weiter arbeiten möchten, haben zudem die Möglichkeit, eine Kinderfrau oder Erzieherin für ihr Kind anzustellen.

Es kann mühsam sein, sich Beziehungen aufzubauen. Dennoch kann man sich mit etwas Geduld tatsächlich ein gut funktionierendes soziales Netzwerk schaffen.

Alleinerziehende und der Faktor »Zeit für die Kinder«

Diese Betreuungsinstitutionen werden heutzutage immer wichtiger. Denn das partnerschaftliche Beziehungsgefüge ist im Wandel begriffen. Eltern bleiben heute nicht mehr unbedingt zusammen, bis der Tod sie scheidet. Wenn eine Partnerschaft untragbar geworden ist, entscheiden sich heute viele für eine Trennung. Schließlich sind immer weniger Frauen aufgrund ihrer Ausbildung darauf angewiesen, aus finanziellen Gründen mit ihrem Mann zusammenzubleiben. Nach einer Trennung entstehen so genannte Minimalfamilien mit einem allein erziehenden Elternteil. Vor allem diese Familienform ist auf die Betreuung ihrer Kinder durch andere erwachsene Bezugspersonen angewiesen, um den Lebensunterhalt zu sichern. Die Zeit, die die Eltern mit ihren Kindern verbringen können, ist daher vergleichsweise knapp. Umso wichtiger ist es für all diese Mütter und Väter, dass sich ihre Kinder nicht nur gut in der Krippe oder im Hort aufgehoben fühlen, wo sie einen Großteil ihrer Kindheit verbringen. Noch viel wichtiger ist, was Sie Ihren Kindern persönlich an Gefühl, Sicherheit, Geborgenheit und Werten mitgeben können, wie sie die gemeinsame Zeit an Abenden, Wochenenden und in den Ferien gestalten und wie zufrieden Sie mit Ihrem Leben sind.

Wie sehen glückliche Eltern wirklich aus?

Glückliche Mütter und Väter sind sicher keine, denen man immer und sofort ansieht, wie gut es ihnen geht, wie hervorragend sie jedes Problem im Griff haben und wie harmonisch ihr Familienleben abläuft. Glückliche Eltern können gar nicht perfekt sein. Schließlich sind sie Menschen. Doch können sie sich auf ihr (Mit)gefühl, auf sich selbst und im Falle einer intakten Beziehung auch auf ihren Partner verlassen, der in allen wesentlichen Erziehungsfragen mit ihnen am gemeinsamen Strang zieht. Mit großer Wahrscheinlichkeit werden sie einige der folgenden Eigenschaften aufweisen:

- Sie sind grundsätzlich zufrieden mit der Lebensform Familie und der Rolle, die sie darin spielen.
- Sie sind kommunikations- und kritikfähig und können mit dem Partner wie mit den (größeren) Kindern ohne weiteres Probleme oder Schwierigkeiten besprechen.
- Sie haben eine optimistische Lebenseinstellung.
- Sie sind fair und wissen, dass ein Familienalltag ein sensibles Zusammenspiel verschiedener Interessen ist.
- Sie stehen zu ihren Unsicherheiten und machen auch einmal Fehler, die sie auch erkennen und zugeben.
- Sie wissen, dass sie eine Menge von ihren Kindern lernen können.
- Sie sind in der Lage, ihre Interessen für einige Zeit (vor allem während die Kinder klein sind) hintanzustellen.
- Sie sind Krisenmanager und Organisationstalente.
- Sie lieben ihre Kinder und haben keine Probleme damit, sie loszulassen, wenn die Zeit reif dafür ist.

Glück ist im Grunde nur ein kurzer Moment. Zufriedenheit kann ein längerfristiger Zustand sein, und danach streben wir eigentlich alle.

Das ist noch nicht alles…

Glückliche Eltern lassen sich auf ihre Kinder ein mit der Bereitschaft, voneinander zu lernen. Dass dies nicht immer einfach ist und auch von gelegentlichen Rückschlägen oder Unverständnis füreinander geprägt ist, versteht sich von selbst. Schließlich leben Eltern und Kinder trotz aller Gemeinsamkeiten in verschiedenen Welten – und das ist auch gut so.

Verantwortungsvolle Eltern sind in der Lage zu geben, ohne etwas dafür zurückzufordern. Ihnen geht es nicht darum, immer zu wissen, was am besten für das Kind ist. Stattdessen sind sie offen für seine Anliegen, respektieren seinen Willen und seinen Wunsch nach Freiheit und freuen sich an seiner wachsenden Selbstständigkeit. Beide Elternteile sollten sich bei allen entstehenden (Erziehungs-)Problemen einig sein und gemeinsam handeln.

Durchbrechen Sie ab und zu Ihren straff organisierten Familienalltag, und nehmen Sie sich die Zeit, in Ruhe zu sich selbst zu kommen.

Was man braucht, um glücklich zu sein

Schön und gut, mag der eine oder andere von Ihnen nun sagen. Aber wie soll ich das in meinem stressigen Familienalltag hinbekommen? Wissen die denn nicht, wie kräftezehrend der ganze Spaß ist? Doch, das wissen wir, und deshalb noch einmal: Es geht überhaupt nicht darum, perfekt, immer nur gut und vorbildhaft zu sein. Das oben Gesagte ist wirklich nur eine Leitlinie, an der Sie sich festhalten können, wenn Ihnen alles einmal wieder über den Kopf wächst. Wichtig ist, dass Sie als Eltern(teil) sich darum kümmern, dass sie glücklich und zufrieden mit Ihrem Leben sind. Im Idealfall sind Sie das bereits und gehen voll und ganz in Ihrer Rolle als Mutter oder Vater auf. Glückwunsch! Dann gehören Sie zu den Menschen, deren ganzes Leben aus einem Flow besteht und die das Folgende getrost überspringen können.

Ist das nicht der Fall und Sie gehören zu der Sorte Mensch, die neben dem Mutter- und Vatersein auch noch andere Bedürfnisse und Wünsche hat, dann kümmern Sie sich darum, etwas für sich

Warum nicht gleich morgen? Vergessen Sie Ihre kleinen Fluchten aus dem Alltag nicht. Genießen macht glücklich!

und Ihre Partnerschaft zu tun. Je mehr Glücksmomente Sie außerhalb Ihrer reinen Mutter- oder Vaterschaft sammeln können, desto mehr werden sich diese dort widerspiegeln. Sie werden Ihre Rolle lockerer und fröhlicher ausfüllen.

Es liegt ganz in Ihrer Hand, ob Sie etwas an Ihrem Leben ändern. Der Impuls wird nicht von außen kommen, sondern nur von Ihnen selbst.

So organisieren Sie sich Ihre Freizeit

Solange die Kinder noch sehr klein sind, sind Mütter (sofern sie nicht ohnedies berufstätig sind) meist noch sehr unflexibel in der Einteilung ihrer freien Zeit. Vor allem das erste Babyjahr ist ganz von den körperlichen Bedürfnissen des Kleinen beansprucht. Für Mütter ist die Zeit nach der Schwangerschaft und Stillzeit die körperlich anstrengendste. Väter fühlen sich trotzdem nicht selten von ihrer Frau vernachlässigt. Dabei wäre es optimal, wenn sie gerade in diesem ersten Jahr ihre Partnerin möglichst in den Abendstunden oder auch an den Wochenenden entlasten könnten. Für berufstätige Männer, die sich gerade dann auch einmal entspannen möchten, ist das ein großes Geschenk, das sie ihrer Partnerin machen. Doch sollten Sie sich bewusst sein, dass deren »Job« mindestens genauso anstrengend und aufreibend wie Ihrer ist. Im Zweifelsfall wechseln sich beide im Ermöglichen von Freizeit einfach ab. Vielleicht ist auch eine hilfreiche Großmutter (oder gute Freundin) in der Nähe, die das Baby zumindest stundenweise betreuen kann. Nutzen Sie diese freie Zeit: mit einem ausgiebigen Körperpflegeprogramm, einer kurzen Shoppingrunde in der Stadt oder einer Stunde Yoga mit Freundinnen.

Je dichter Ihr Netzwerk an Bezugspersonen für Ihr Kind ist, desto mehr freie Zeit für Sie und Ihren Partner springt dabei heraus.

Ab wann die Organisation einfacher wird

Schon ab dem zweiten Lebensjahr des Kindes wird das Einrichten von Freizeit merklich einfacher. Das Kind interessiert sich zunehmend auch für andere Menschen außerhalb der Familie. Man kann daran denken, eine Mutter-Kind-Krabbelgruppe zu besuchen, allein schon, um sich hier auszutauschen – und das nicht nur über die Kleinen, sondern auch über den eigenen Gemütszustand. Oft entstehen hier richtige Freundschaften. Wer Glück und nette Nachbarn mit gleichaltrigen Kindern hat, kann sich eine Spielgruppe auch selbst organisieren. Hier lernt das Kind neben potenziellen Spielkameraden andere erwachsene Bezugspersonen kennen. Hat Ihr Kind während dieser gemeinsamen Nachmittage Vertrauen zu einer anderen Mutter oder Freundin gefasst, so wird es Ihnen auch leichter fallen, es ihr für kurze Zeit zu überlassen.

Feste Zeiten für sich und die Partnerschaft einplanen

Wenn Ihr Kind einigermaßen durchschläft, können Sie auch daran denken, eine Freundin zu bitten, abends auf das Kleine zu achten. Dann entsteht wieder Raum für gemeinsame Aktivitäten mit dem Partner. Setzen Sie sich dafür feste Termine und bitten Sie auch Ihren Partner, sich daran zu halten. Das klingt zwar wenig romantisch und spontan, doch nur durch Planung schaffen Sie sich Freiräume, die übrigens ganz spontan von einem kranken Kind wieder durchkreuzt werden können. Da heißt es, flexibel bleiben …

Wer sich gut fühlt, strahlt das auch aus

Je mehr Möglichkeiten Sie haben, Ihr Kind stundenweise betreuen zu lassen, desto mehr feste Zeiten können Sie für sich freischaufeln. Das wird mit zunehmendem Alter der Kleinen immer einfacher, bedarf aber wie bisher auch einer guten Organisation. Suchen Sie sich für Ihre freie Zeit am besten entspannende und ausgleichende Tätigkeiten aus wie Yoga oder eine andere Sportart, die Ihnen liegt. Besuchen Sie eine Ausstellung, ein Fortbildungsseminar oder etwas anderes, was Ihnen wirklich Spaß macht. Mütter mit größeren Kindern sollten auch ernsthaft wieder daran denken, beruflich etwas zu unternehmen. Das muss nicht die früher ausgeübte Tätigkeit, sondern kann auch etwas ganz Neues sein, schließlich haben Sie sich in der Zeit mit Ihren Kindern auch weiterentwickelt.
Erkundigen Sie sich bei Frauennetzwerken, studieren Sie die Jobangebote in der Zeitung, oder knüpfen Sie wieder Kontakte zu Ihrem ehemaligen Arbeitgeber. Die Kräfte, die Ihnen durch all diese Tätigkeiten wieder zufließen, kommen der ganzen Familie zugute. Und Sie werden sehen, je fitter und ausgeglichener Sie sich fühlen, desto positiver und optimistischer gehen Sie auch Ihren Alltag an. Wie hieß die Lebensweisheit eingangs noch einmal: »Eine glückliche Mutter ist (nicht nur) für Kinder segensreicher als hundert Lehrbücher über Erziehung.«

Menschen brauchen nicht nur Energie in Form von Nahrung, sondern auch in Form von Liebe, Anerkennung, Zärtlichkeit und Gesprächen.

Regel 6: Glückliche Eltern – glückliche Kinder

Glückliche Mütter und Väter haben die Verantwortung für ihre Sprösslinge voll und ganz übernommen. Dabei bleiben sie den Entwicklungsmöglichkeiten ihres Kindes und den eigenen gegenüber offen, ohne sich in Ansprüchen und Erwartungshaltungen gegenüber den anderen aneinander zu überfordern. Locker bleiben und dabei fest sein, heißt die Devise. Um diese gar nicht so leichte Aufgabe zu erfüllen, sollten Eltern nicht nur für eigene Entspannungszeiten sorgen, sondern auch gemeinsam die Partnerschaft lebendig erhalten.

Was ist schneller Zorn und was geht tiefer? Es ist nicht einfach, die Tragweite der kindlichen Gefühle richtig einzuschätzen.

Von wütenden und traurigen Kindern

Niemand ist ständig glücklich. Im Gegenteil. Das Leben besteht für uns ebenso wie für unsere Kinder aus den verschiedensten Phasen und Situationen, die unterschiedliche Stimmungen und Gefühle hervorrufen können. Wir freuen uns, wir sind aufgeregt, nervös, wütend, traurig oder auch ängstlich und niedergeschlagen. Als Erwachsene haben wir es gelernt, unsere Gefühle mit Hilfe des Verstandes zu kontrollieren, wir können uns an unterschiedliche Lebenslagen anpassen, ohne unsere wahren Emotionen zu zeigen. Manchmal verdrängen oder kompensieren wir sie sogar, um an uns gestellte Anforderungen zu erfüllen.

Wichtig: Gefühle zulassen …

Lassen Sie alle Gefühle Ihres Kindes zu, und vermitteln Sie ihm, dass auch Angst, Wut und Traurigkeit zu ihm gehören und von Ihnen respektiert werden.

Kinder haben ein ausgeprägtes und vielfältiges Gefühlsleben. Sie werden vor allem in den ersten Lebensjahren von ihren tiefen Gefühlen bestimmt und nicht wie wir Erwachsenen von unserem Verstand. Logisches, vernunftorientiertes Denken und Handeln ist frühestens im Schulalter möglich. Bis dahin agieren und reagieren Kinder ausschließlich aus ihrer inneren Gefühlswelt heraus. Das heißt auch, dass Kinder sich in den ersten Lebensjahren nicht gezielt oder berechnend verhalten, sondern ganz aus ihren Gefühlen heraus. Ist ein Kind beispielsweise wütend, so kann es den Impuls verspüren, etwas hinzuwerfen oder kaputt zu machen, zu beißen oder mit den Füßen zu stampfen. Ist ein Kind hingegen traurig, ist seine erste Regung, bittere Tränen zu vergießen.
Kinder in ihrer ausgeprägten und intensiven Gefühlswelt ernst zu nehmen heißt, auch Emotionen wie Wut, Angst oder Traurigkeit anzuerkennen und ihnen die Möglichkeit zu geben, diese auszu-

drücken. Hat ein Kind sich verletzt und fängt an zu weinen, so sollten Sie es durchaus ermutigen, seinen Schmerz auszudrücken. Sie können zu ihm sagen: »Das hat dir jetzt bestimmt sehr weh getan, wein dich ruhig aus.«
Viele Erwachsene reagieren jedoch häufig in einer vergleichbaren Situation damit, dass sie das Kind von seinem Schmerz ablenken wollen, anstatt seine Gefühle anzuerkennen und es einfach nur zu trösten. Diese Anerkennung ist auch deshalb so wichtig, weil Kinder dadurch lernen, ihre Gefühle wahrzunehmen und ihnen zu vertrauen. Das gibt ihnen wiederum die Selbstsicherheit, die sie brauchen, um »glückliche Kinder« zu sein.

Dass Kinder versuchen, ihre eigenen Wünsche gegen die der Erwachsenen zu stellen, ist gut und notwendig. Sie beherrschen nur noch nicht die richtige Form, in der das geschehen darf.

Von Wut und Kollern

Ein Kind hat das Recht, glücklich, aber unter Umständen auch wütend zu sein. Das kann der Fall sein, wenn es sich ungerecht behandelt fühlt oder wenn ein anderes Kind beispielsweise ein Spielzeug beansprucht, an dem sein Herz hängt. Kinder dürfen ihrer Wut durchaus Ausdruck verleihen. Allerdings sollte sie sich auf verbale Äußerungen wie ein lautes »Nein« oder einen leidenschaftlichen Wutschrei beschränken. Wut darf keinesfalls andere verletzen. Kommt es hingegen zu einem Wutkoller – beliebt sind derlei Ausbrüche bei Drei- bis Vierjährigen, die sich vor aller Augen auf den Boden vor einer Supermarktkasse werfen, weil sie kein Überraschungsei bekommen –, hilft mal wieder nur eines: tief durchatmen, den Koller respektieren und nicht mit Gegengeschrei darauf reagieren oder ihn gar durch Handgreiflichkeiten zu beenden versuchen. Anschließend bezahlen Sie und verfrachten das Kind nötigenfalls ohne ein Wort in den Buggy oder ins Auto. Danach genügt in der Regel ein: »Na, hast du dich beruhigt?« Wutanfälle sind wichtig und legitim. Sie als Eltern dürfen nur keinesfalls Angst entwickeln oder sich für Ihr Kind schämen. Reagieren Sie selbstsicher und ruhig, denken Sie nicht an feixende oder genervte Zuschauer, sondern konzentrieren Sie sich nur auf sich und Ihr Kind.

Kinderängste sind riesengroß

Auch Angst und Furcht gehören zum Leben jedes Kindes. Das liegt nicht zuletzt an seiner lebhaften Phantasie und seiner Verletzlichkeit. Ängste können bei Kindern viele Ursachen haben, logisch begründbare und scheinbar ganz irrationale: Hat ein Kind beispielsweise erlebt, dass in der Nähe ein Haus brannte, ist es nur natürlich, wenn es nun befürchtet, dasselbe könnte auch zu Hause geschehen. Sie können mit Ihrem Kind darüber sprechen und es sicher beruhigen. Äußert es jedoch ganz unbegründete, für uns kaum nachvollziehbare Ängste, sollten wir diesen mit Verständnis begegnen und überlegen, wie wir unserem Kind helfen könnten. Bei Angst im Dunkeln beispielsweise ist es sicher nicht schwierig, irgendwo ein kleines Licht brennen oder die Tür zum Kinderzimmer offen zu lassen.

Viele Kinderängste entstehen, weil es Kindern an den Erfahrungen fehlt, die wir Erwachsenen längst besitzen, um mit unseren Ängsten umgehen zu können.

Manche Kinder sind anderen Erwachsenen gegenüber eher schüchtern. In diesem Fall kann man nur betonen, dass ein gesundes Maß an Furcht oder Misstrauen im Umgang mit unbekannten Menschen oder Situationen sehr wichtig ist und im Zweifelsfall für Ihr Kind auch Sicherheit bedeutet. Sie sollten es durchaus ermutigen, bei neuen Freundschaften und Kontakten auf sein Gefühl zu vertrauen; und wenn ein Kind einem »lieben Onkel« nicht die Hand geben will, sollten Sie es keinesfalls dazu zwingen.

Angst oder Furcht können auch aufgrund eines zu intensiven Medienkonsums entstehen, wenn Kinder Gesehenes oder Gehörtes nicht einordnen oder verarbeiten können. Wie bereits erwähnt, sollten Sie den Umgang mit Fernsehen und anderen Medien zeitlich begrenzen und sich darüber informieren, was Ihr Kind ansieht oder mit welchen Computerspielen es sich beschäftigt. Darüber hinaus ist es sinnvoll, wenn Ihr Kind mit Ihnen ausführlich über das Gesehene sprechen kann.

Nicht immer drücken Kinder ihre Gefühle klar und erkennbar aus, wie beispielsweise bei einem Wutanfall oder wenn Sie aus Kummer oder Angst weinen. Häufig reagieren sie in belastenden Situationen sogar für uns völlig unverständlich. Sie sagen nicht: »Ich bin traurig

oder verletzt oder eifersüchtig«, sondern zeigen uns diese Gefühle verschlüsselt. Dabei hoffen sie unbewusst, dass wir ihre Botschaft trotzdem verstehen können.
Sie erleben eine sehr belastende Situation und wollen uns eigentlich sagen: »Hilf mir bitte, ich finde mich alleine nicht zurecht« oder »ich bin traurig, weil ich glaube, dass ihr mich nicht mehr liebt« oder »Hilfe, mir ist alles zu viel«. Stattdessen erleben wir an ihnen Verhaltensauffälligkeiten wie Einnässen, Aggressivität oder auch motorische Unruhe. Dies macht es Eltern oft schwer zu erkennen, welche Gefühle sich tatsächlich hinter dem ungewöhnlichen Verhalten ihrer Kinder verbergen.

Was willst du mir sagen? Kinder brauchen immer wieder unsere Hilfe, um aus ihrem Zorn, ihrer Angst oder ihrer Einsamkeit herauszufinden. Zeigen Sie Verständnis und Geduld.

Schwierige Situationen

Es gibt schlechte Erfahrungen und Enttäuschungen, die auch ein glückliches Kinderleben durchziehen und die Persönlichkeit des Kindes prägen. Ist ein Kind beispielsweise enttäuscht darüber, dass seine beste Freundin einem anderen Mädchen den Vorzug gibt, so kann das eine leidvolle, traurige Erfahrung sein, die jedoch keineswegs zu auffälligem Verhalten führen muss.
Es gibt jedoch auch typische Problemsituationen, in denen es zu – vorübergehenden! – Verhaltensauffälligkeiten kommen kann. Denken Sie immer daran, dass diese nichts anderes als einen Hilferuf des Kindes darstellen, das nicht mehr anders mit der Situation zurechtkommt:

- Umzug
- Kindergartenbeginn
- Schulwechsel
- Trennung der Eltern
- Ein neues Geschwisterkind
- Probleme in der Schule
- Todesfall in der Familie
- Erlebnisse wie ein Unfall o. Ä.
- Längere Krankheit

Wenn Kinder aus dem Gleichgewicht geraten

Sein emotionales Gleichgewicht zu finden setzt voraus, dass man erst einmal alle seine Gefühle kennen lernen und als Teil seines Selbst akzeptieren darf.

Sehr häufig reagieren Kinder in Krisensituationen mit einem oder mehreren der oben angeführten Symptome. Es gibt Situationen, in denen uns die Ursache für das auffällige Verhalten des Kindes bekannt und nachvollziehbar ist; wir können ihm in dieser Zeit durch unser Verständnis helfen und es unterstützen. Hier ein Beispiel: Ein Kind reagiert auf einen Umzug mit verstärkter Schüchternheit, hat plötzlich Angst im Dunkeln oder macht eher Rückschritte in seiner Entwicklung. Diese Verhaltensauffälligkeiten sind durch die veränderte Situation des Kindes erklärbar, der Umzug bedeutete eine Verunsicherung, und es braucht einige Zeit, um wieder Vertrauen in seine Umgebung zu gewinnen. Oder ein Schulkind kommt seit einiger Zeit still und bedrückt nach Hause, hat keinen rechten Appetit mehr, seine Leistungen in der Schule lassen nach. Mit einfühlsamen Fragen und nach einem Gespräch mit den Lehrern des Kindes stellt sich heraus, dass das Kind von einer Gruppe von Mitschülern gehänselt wird und sich isoliert fühlt. Durch die Zusammenarbeit mit der Lehrkraft oder durch Maßnahmen wie dem Einladen von Kindern, die ihr Kind mag, kann ihm hier vielleicht geholfen werden.

Auch bestimmte Entwicklungsphasen bergen ihre Probleme

Sogar in Zeiten, in denen scheinbar gar nichts Außergewöhnliches oder Belastendes auf Ihr Kind einwirkt, kann es durch ein auffälliges Verhalten auf sich aufmerksam machen. Dies sind meist Zeiten, in denen Ihr Kind einen besonderen Fortschritt in seiner Entwicklung macht. Ein gutes Beispiel hierfür ist das so genannte Trotzalter zwischen zwei und drei Jahren, in dem es um das Thema der Loslösung und Wiederannäherung des Kindes an die Eltern geht.
Eine weitere typische Konfliktzeit ist die Pubertät, in der es ebenfalls um das Thema Loslösung geht. In beiden Phasen ist häufig ein

ähnliches Verhalten zu beobachten: Wut, Trotz, Aggression gegenüber den Eltern oder starke Stimmungsschwankungen.
Vor allem jetzt sehen sich Eltern mit Verhaltensweisen konfrontiert, mit denen sie allein nur schwer zurechtkommen:

- Wenn Jugendliche sich plötzlich deutlich in der Schule oder in der Berufsausbildung verschlechtern oder diese abbrechen.
- Wenn sie sich von allem zurückziehen und nur noch in ihrem Zimmer aufhalten.
- Wenn Sie von zu Hause weglaufen und über Nacht wegbleiben.
- Wenn sie Alkohol oder Drogen nehmen.
- Wenn sie straffällig werden.
- Wenn sie einen Selbstmordversuch unternehmen.
- Wenn sie unter Essstörungen leiden, wie etwa Pubertätsmagersucht oder Bulimie.

In diesen Fällen kann ein Entwicklungsstillstand eingetreten sein, der Hilfe dringend erforderlich macht.

Wir dürfen nicht glauben, durch die »richtige Erziehung« unsere Kinder vollständig formen zu können. Jedes Kind entwickelt seine persönlichen Eigenarten und findet seinen eigenen Weg ins Leben.

Wenn aus Verhaltensauffälligkeiten Verhaltensstörungen werden

Was unterscheidet nun Verhaltensauffälligkeiten von Verhaltensstörungen? Verhaltensstörung heißt, dass sich ein Kind deutlich anders als sonst und nicht bestimmten Situationen oder seinem Alter angemessen verhält. Es selbst oder andere leiden unter seinem Verhalten, das bereits über einen längeren Zeitraum anhält.
Verhaltens- und emotionale Störungen beginnen im Kindes- und Jugendalter und können sich folgendermaßen äußern:

- Durch ständige motorische Unruhe, auch als hyperkinetisches oder Zappelphilipp-Syndrom bekannt.
- Durch Störungen im Sozialverhalten, z. B. grundlose Aggressivität gegenüber anderen Kindern oder Familienmitgliedern, Stehlen.
- Durch depressives Verhalten wie ständige Niedergeschlagenheit oder Teilnahms- und Interesselosigkeit .
- Durch psychosomatische Erscheinungen wie z. B. Bauchweh.

- Durch emotionale Störungen wie Trennungs- oder andere starke Ängste, über ein normales Maß hinausgehende Geschwisterrivalität.
- Durch Tics wie Augenzucken, stereotype Bewegungen oder andere körperliche Zwanghaftigkeiten, auch z. B. Nägelkauen.
- Durch andere über längere Zeit anhaltende Rückschritte in der Entwicklung eines Kindes, beispielsweise Wiedereinnässen oder -einkoten sowie starkes Stottern auch noch im Schulalter.

Was Sie für Ihr Kind tun können

Wichtig ist, dass Ihr Kind immer Verständnis für seine Schwierigkeiten findet und zu Hause über seine Gefühle sprechen kann. Nur durch Offenheit und einen wirklich emotionalen Kontakt zwischen dem Kind und den Eltern kann eine eventuelle Verhaltensstörung überhaupt verstanden und zurückgebildet werden. Das bedeutet, dass sich ein Kind durch Geduld und Verständnis für seine momentane Situation in geraumer Zeit wieder erholen und stabilisieren kann. Denken Sie daran, dass Ihr Kind durch diese Symptome zeigt, wie es in seinem Innersten verunsichert oder verletzt ist, und meist ein Mehr an Zuwendung sowie Zeit braucht, um mit seinen

»Jemand, der mich hält.« Solange Ihr Kind den Weg zu Ihnen findet, können Sie gemeinsam auch schwere Krisen überwinden.

Problemen zurechtzukommen. Nach der Bewältigung einer Krise hat das Kind häufig einen großen Fortschritt in seiner Entwicklung gemacht. Verhaltensauffälligkeiten weisen auch häufig auf eine Störung in der ganzen Familie hin. Verstehen Sie diese Krise als Chance, das eigene Leben und das Leben innerhalb der Familie grundsätzlich zu überdenken.

Wenn Sie sich nicht in der Lage fühlen, die Situation aus eigener Kraft zu ändern, scheuen Sie sich nicht, den Rat eines erfahrenen Familientherapeuten zu suchen.

Wann ist eine Therapie nötig?

Wenn Sie sich durch das Verhalten Ihres Kindes völlig überfordert fühlen und die Familie mit den Problemen nicht mehr zurechtkommt, ist es ratsam, professionelle Hilfe anzunehmen. Scheuen oder schämen Sie sich nicht: Ein unnötiges Aushalten, Ratlosigkeit und Unsicherheit machen alles nur noch schlimmer.

Schließlich können alle schwierigen Situationen, die wir oben benannt haben und die auch zum Leben gehören, Ihr Kind vorübergehend stark verunsichern und so aus der Bahn werfen, dass es therapeutische Hilfe benötigt, um sein seelisches Gleichgewicht wiederzufinden. Ein sicheres Indiz ist, wenn das auffällige Verhalten des Kindes über einen längeren Zeitraum anhält und wenn Sie das Gefühl haben, allein durch Verständnis und Zuwendung nicht mehr helfen zu können. Dann sollten Sie sich nicht scheuen, die Hilfe eines Kinderpsychologen oder Familientherapeuten zu suchen.

Bitte schieben Sie die Symptome Ihres Kindes in solchen Fällen nie mit harmlosen Erklärungen beiseite, sondern ermöglichen Sie ihm, dass seine Hilfeschreie – und nichts anderes sind letztendlich all diese Symptome – gehört und ernst genommen werden. Als ersten Schritt können Sie zunächst einmal den behandelnden Kinderarzt um ein Gespräch bitten, indem Sie ihm Ihre Sorgen schildern. Dieser wird versuchen, gemeinsam mit den Eltern eine Lösung zu finden, wie Ihrem Kind am besten geholfen werden kann. Klärende Gespräche und die richtige emotionale Unterstützung helfen und heilen: Ihrem Kind kann eine Brücke gebaut werden, über die es wieder zu sich selbst und letztlich auch zu Ihnen findet.

Info-Adressen:

- Bundesministerium für Familie, Senioren, Frauen und Jugend
Glinkastraße 18-24
10117 Berlin · PA: Postfach 11 02 07 · 10832 Berlin
Tel. 030/ 206 55 - 0 · Fax 030/ 206 55 - 11 45
Internet: http:// www.bmfsfj.de
E-Mail: http://www.bmfsfj.de/_private/form_m.htm

- PRO FAMILIA
Deutsche Gesellschaft für Familienplanung, Sexualpädagogik und Sexualberatung e. V., Bundesverband,
Stresemannallee 3, · 60596 Frankfurt am Main
Tel. 069/63 90 02 · Fax 069/63 98 52

Die Landes-, Kreis- und Ortsverbände sind Träger von mehr als 150 Beratungsstellen und sieben PRO FAMILIA-Zentren im ganzen Bundesgebiet. Ihr Landesverband nennt Ihnen eine Adresse in Ihrer Nähe.

Literatur:

Bettelheim, *Bruno*, *Karlin*, Daniel: Liebe als Therapie. München 1986, Piper; *Cavelius*, *Andrea-Anna:* Wie Kinder zur Stille finden. Augsburg 1998, Midena Verlag; Cavelius, Andrea-Anna: Rituale für Kinder in Reimen, Liedern und Fingerspielen. München 1998, Südwest Verlag; *Dreikurs*, *Rudolf*, *Soltz*, *Vicky:* Kinder fordern uns heraus. Wie erziehen wir sie zeitgemäß? Stuttgart 1998, Klett-Cotta; *Dreikurs*, *Rudolf*, *Grey*, *Loren:* Kinder lernen aus den Folgen. Freiburg 1991, Herder; *Link*, *Manfred*, *Wieczorek*, *Emil:* Psychische Störungen bei Kindern. Verstehen und helfen. Hamburg 1994, Rowohlt; *Pacher*, *Walter:* Wenn Kinder keine Grenzen kennen. Konflikte lösen ohne Machtanwendung. Freiburg 1997, Herder; *Prekop*, *Jirina:* Kinder sind Gäste, die nach dem Weg fragen. München 1999, dtv; *Prekop*, *Jirina:* Der kleine Tyrann. Welchen Halt brauchen Kinder. München 1991, dtv.

Über die Autoren:
Andrea-Anna Cavelius (M.A.) studierte Philosophie, Geschichte und Deutsch als Fremdsprache in München, Paris, Siena und Salamanca. Die Autorin und Journalistin arbeitet für renommierte Verlage und Magazine. Sie veröffentlichte mehrere erfolgreiche Ratgeber zu den Themen Psychologie, Pädagogik und Gesellschaft.
Walter Pollak, Dipl.-Psychologe und Psychologischer Psychotherapeut, studierte Psychologie, Theologie und Philosophie in Fribourg (Schweiz) und absolvierte eine psychoanalytisch-psychotherapeutische Weiterbildung in Lausanne. Seit 1986 ist er als Klinischer Psychologe in der Kinderklinik Winterberg in Saarbrücken tätig und seit 1992 auch als Psychotherapeut in eigener Praxis. Er hat einen 16-jährigen Pflegesohn.

Bildnachweis
Bavaria Bildagentur, Gauting bei München: U4 (Paul Viant); IFA, Taufkirchen bei München: Vorsatz, 3 (P.Sinclair), U3 (IT/tpl); Image Bank, München: U1 (David de Lossy), 4 (Elyse Lewin), 17 (Romilly Lockyer), 44 (Pete Turner), 50 (Britt Erlanson), 59 (Ross Whitaker); Rehm Claudia, München-Stockdorf: 7; Südwest Verlag, München: 24, 29, 34, 65 (Hans Seidenabel), 55 (Michael Nagy); Tony Stone, München: 16 (Andreas Pollok), 38 (Penny Tweedie), 83 (Renald Mackechnie), 86 (David Oliver); Velten Heidi, Leutkirch-Ausnang: 6, 15, 42, 68, 73, 92

Hinweis
Das vorliegende Buch ist sorgfältig erarbeitet worden. Dennoch erfolgen alle Angaben ohne Gewähr. Weder die Autorinnen noch der Verlag können für eventuelle Fehler oder Schäden, die aus den im Buch gegebenen praktischen Hinweisen resultieren, eine Haftung übernehmen.

Impressum

Redaktion:
Lisa Hammerl

Bildredaktion:
Tanja Nerger

Produktion:
Manfred Metzger (Leitung), Annette Aatz, Dr. Erika Weigele-Ismael

DTP/Satz:
Monika Anger/MAC 2

Druck:
Weber Offset, München

Bindung:
R. Oldenbourg, München

Printed in Germany
Gedruckt auf chlor- und säurearmem Papier

ISBN 3-517-06077-1

Register

Alleinerziehende 53f., 80f.
Alpträume 41
Alter, »magisches« 40
Angst 10, 21, 40f., 49, 86, 88f.
Aufmerksamkeit erregen 11f.
Ausgeglichenheit, innere 64f.

Belohnungen 75
Bestrafungen 76f.
Bewegungsdrang 28f., 39, 66f.
Bezugspersonen 38f., 42, 55f., 74, 84

Computer 67f., 88

Demokratie in der Erziehung 19
Drei-Monats-Koliken 27
Du-Botschaften, negative 60

Eltern
- als Ausgangsbasis 49
- als Vorbilder 5, 16f., 33f., 50f.
Elternrolle 78ff.
Entscheidungsspielräume gewähren 33
Entwicklungsphasen 25ff., 90f.
Erziehungsstile 20f., 76

Fähigkeiten, körperliche, entwickeln 13
Familie, Bedeutung 16ff., 50, 54, 78ff.
Familientherapie 93
Fernsehen 67f., 88
Flow-Erlebnisse 65ff.
Freizeit organisieren 83ff.
Fremdbetreuung 55
Freude 10, 21, 63
Freundschaften 44f.
Fürsorge, elterliche 22f., 52f.

Geborgenheit 5, 9, 21, 52, 54, 81
Gebote, sinnvolle 33
Gedankengänge, positive 61
Gefühlsregungen 10, 24, 49, 86ff., 90
Gehörsinn 27, 58f.
Gemeinschaftserlebnisse 39
Geschenke, Bedeutung der 36
Gesprächskultur, familiäre (Aufbau) 63
Gesprächspartner Kind 46, 48, 57f., 62
Gleichgewichtssinn 30, 63
Glück 4, 63, 68, 73, 81
Grenzen aufzeigen 5, 33f., 70f., 76

Identität 8f., 21, 47
Intuition, elterliche 5, 18, 22ff., 52

Kindergartenalter 36ff.
Kleinkindalter 25
Konflikte bewältigen 45, 63, 77
Konsequenz zeigen 33, 76
Körperkontakt 22f., 27
Krabbelzeit 30

Langeweile 67f.
Laufenlernen 30
Lebensjahr, erstes 26ff., 83
Leistungsdruck 42f.
Lernen, soziales 45f., 50
Lernerfahrungen sammeln 11
Liebe 5, 9, 52, 61
Loslösungsprozess 15, 31f., 42, 47ff.

Märchen 32, 40f.
Mithilfe erreichen 74f.
Moral 14

Naturerfahrungen 70
Negativmuster ausklammern 59f.

Ordnung 73f., 76

Phantasie 14
Problemsituationen 89f.
Pubertät 17, 44, 46ff., 90

Reife, persönliche 12
Rituale 72f.
Rücksichtnahme 14

Sauberwerden 34f.
Säuglingssprache 24, 27
Schlafrhythmus 28
Schulalter 25, 42ff.
Selbstbewusstsein 4ff., 26, 43f., 58, 70
Selbstregulationsprinzip 64
Selbstständigkeit 22, 29, 31f., 34, 44, 52, 72, 82
Selbstverwirklichung 4, 66f.
Sexualität, erwachende 49
Signale, kindliche, deuten 24ff.
Sinne 27f.
Sinnerfahrungen 13
Spielen 5, 39f., 63f., 66ff.
Sprachentwicklung 31f., 58
Stilleübungen 66
Stress, kindlicher 27, 61

Teilen lernen 35f.
Traditionsverluste 19
Traurigkeit 10, 21, 86
Trennung, erste 37
Trotzphase 32f., 90

Überforderung 40, 43, 64, 67
Überreizung 28, 64
Unbewusstes 11
Urvertrauen 7ff.

Vaterrolle 53f., 56, 83f.
Verantwortung 14
Verhaltensmuster durchbrechen 18
Verhaltensstörungen 91ff.
Verletzlichkeit 15
Vorlesen 32
Vorschulalter 41, 70
Vorsorgeuntersuchungen 25
Vorurteile beheben 23

Weinen als Hilferuf 27
Werte übernehmen 16
Wut 10, 21, 86f.

Zeitstrukturen, feste 28
Zugehörigkeitsgefühl 9ff., 58, 74
Zuwendung 9f., 23, 26f., 52, 65, 73, 92